KB267622

스타벅스
주식은
1월에
사라

100만 원으로 시작하는 10년 연속 이벤트 투자 성공의 법칙

유나기(夕凪) 지음
이정환 옮김

스타벅스
주식은
1월에
사라

여의도
책방

주식시세의 분기별 투자 포인트

1~3월의 투자 포인트

특징

전년도 말의 상승세에 대한 반동으로 한동안 하락세가 이어지는 경향이 있다. 그러나 3월이 가까워지면, 3월 말 배당이나 주주 우대를 노린 자금이 유입되면서 주가가 오르기 쉽다. 또한 대부분의 국내 기관투자가는 3월 말 기준 실적으로 연간 평가를 받기 때문에, 이 시기에 주식 매도가 줄어드는 경향이 있다.

전략

개인 투자가에게 이 시기 후반부의 상승장은 1년 중 수익을 내기 가장 좋은 시기다. 일시적인 하락이 있더라도 반등 가능성이 높기 때문에, 배당이나 주주 우대가 탄탄한 종목 위주로 적극적인 매수를 노려볼 만하다.

7~9월의 투자 포인트

특징

1년 중 시세 방향을 가장 예측하기 어려운 시기다. 전반부는 약세, 후반부는 반등세를 보이는 경향이 있으나 뚜렷하지 않다. 적극적으로 매매에 나서는 큰손 투자자가 적어, 주가가 크게 오르기도 내리기도 어렵다.

전략

매매 기술의 차이가 두드러지는 시기이므로, 경험이 많지 않다면 이 기간을 '학습기'로 삼는 것이 좋다. 기회가 올 때까지 무리하지 말고 시장을 관망하며, 가을 이후 시세에 대비해 에너지를 비축하는 시기로 활용하자.

특징

황금연휴 전까지는 상승세가 이어지지만, 이후에는 하락세로 전환되는 시기다. 시세 격언인 '입춘 전후에 천장을 찍는다'는 말이 이 시기에 해당한다. 3월에 매도하지 못한 투자신탁의 물량이 출회될 가능성이 높고, 헤지펀드의 반기 결산에 따른 매도세가 시장에 영향을 미칠 수 있다.

전략

강한 매수는 황금연휴 전까지만 이어진다. 이후에는 급락 가능성이 높기 때문에 장기 보유 목적이 아닌 종목은 비중을 줄이고 유연하게 대응하는 것이 좋다.

특징

1년 중 가장 주가 변동이 심한 시기다. 11월 하순까지는 헤지펀드의 결산 매도와 개인 투자가의 절세 목적 매도가 겹치면서 하락세가 이어지지만, 이후에는 반등세로 전환되는 경우가 많다. 또한 해외 기관투자가의 경우 대부분 12월 말 기준으로 실적 평가가 이루어지기 때문에, 이 시기에는 매도세가 약해지는 경향이 있다.

전략

11월 하순 이후 반등 조짐이 나타날 때까지는 현금을 확보해두고, 상승 전환이 확인되면 단계적으로 매수하는 전략이 바람직하다. 다음 해 1월에는 조정 가능성이 높으므로, 연말에는 수익을 확정해두는 것도 현명한 선택이다.

10년간 동일한 패턴을 보인 닛케이 주가 추이

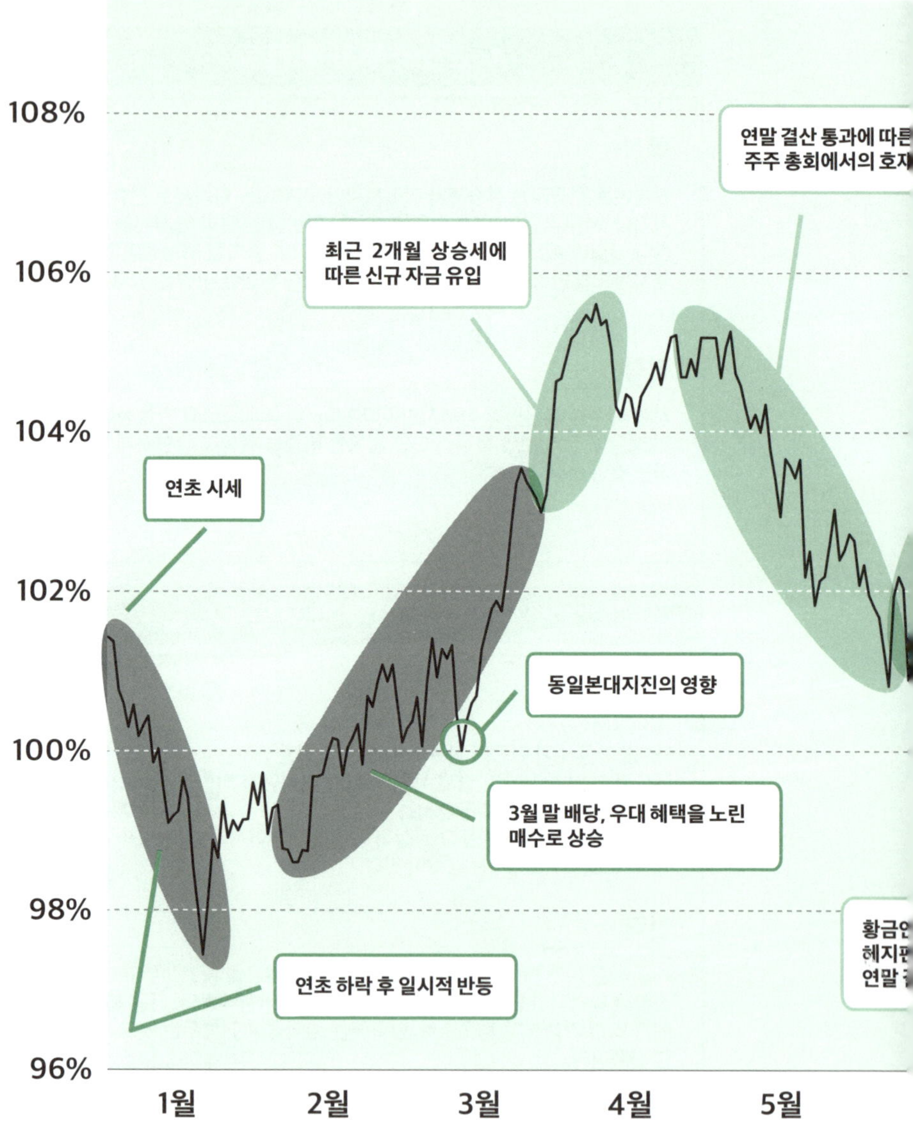

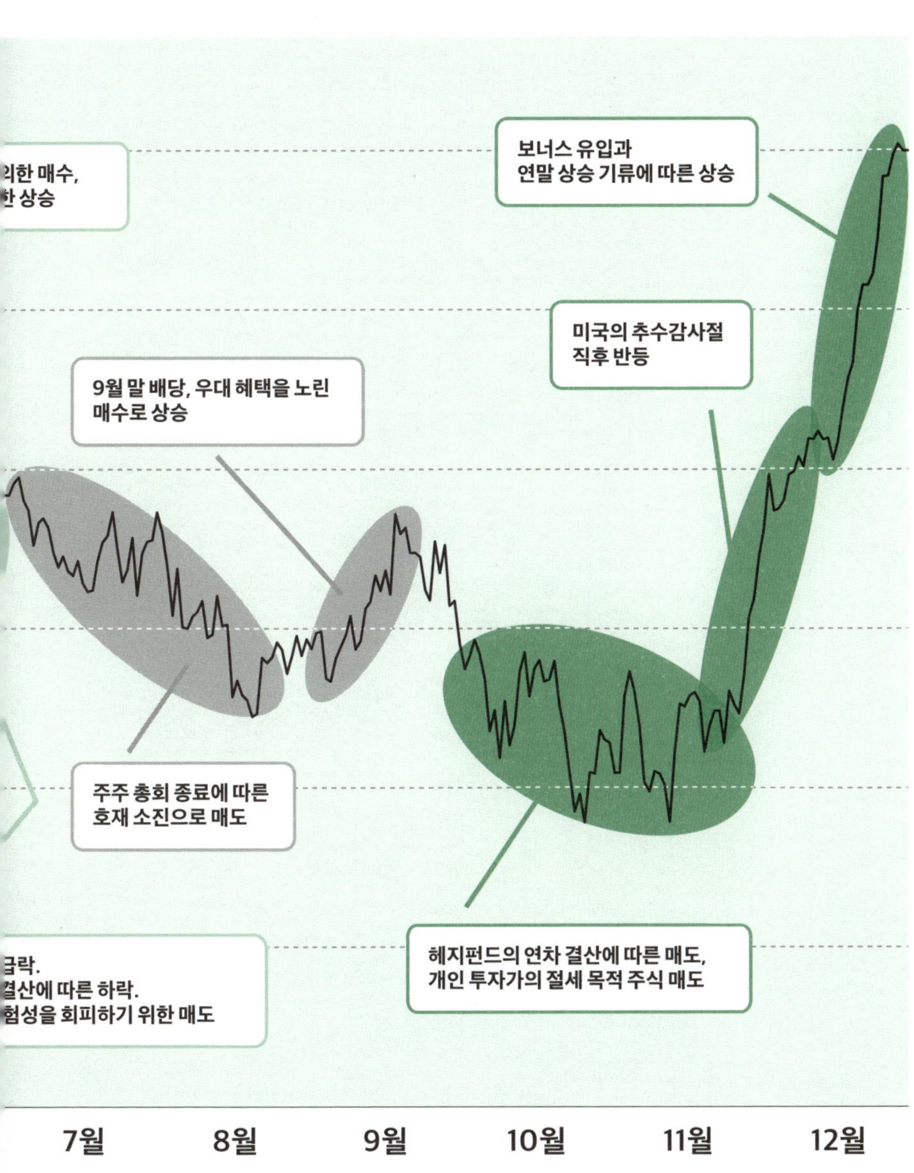
리한 매수,
한 상승
9월 말 배당, 우대 혜택을 노린
매수로 상승
보너스 유입과
연말 상승 기류에 따른 상승
미국의 추수감사절
직후 반등
주주 총회 종료에 따른
호재 소진으로 매도
헤지펀드의 연차 결산에 따른 매도,
개인 투자가의 절세 목적 주식 매도
급락.
결산에 따른 하락.
험성을 회피하기 위한 매도
7월
8월
9월
10월
11월
12월

개인 투자가를 위한 투자법은 따로 있다

"스타벅스 주식을 1월에 사서 3월에 팔기만 하면 수익을 올릴 수 있는데 왜 다들 그렇게 하지 않을까요?"

"아, 그런가요? 그거 재미있는데. 책으로 출간해보시지 않겠습니까?"

잡담을 나누다가 우연히 튀어나온 한마디가 계기가 되어 이 책이 탄생했다.

하지만 처음에는 솔직히 출판하고 싶은 마음이 없었다. 이 책에서 설명하는 내용은 일반적으로 믿고 있는 주식 투자의 상식과 크게 동떨어져 있기 때문이다. 공개하면 틀림없이 오해를 낳아 "이런 방식이 통할 리가 없어"라거나 "성실한 투자가들에게 실례다"라는 비판을 받을 것이라고 생각했다.

그런데 최근 나의 웹사이트 등을 통해 이 투자법을 알게 된 분들이 "이건 정말 강력한 투자 방식입니다. 즉시 이익이 났습니다.", "지금까지 손해만 봤는데 매년 수익을 올릴 수 있게 되었어요.", "자산 1억 엔을 돌파했습니다. 정말 감사합니다"라는 감사와 응원의 목소리를 보내주어 생각을 바꿨다.

그렇다. 일반적으로 믿고 있는 다양한 투자 상식들은 큰손 투자가, 이른바 기관투자가를 위해 존재한다. 그들은 타인으로부터 돈을 받고 대량의 자금을 움직이기 때문에 안전하고 명확하게 설명할 수 있는 근거를 가지고 투자해야 한다. 따라서 대기업을 대상으로 기업 실적과 성장성, 재무 내용을 확인해야 한다.

그런데, 개인 투자가가 전문가처럼 그러한 방식으로 투자해서 기관투자가를 이길 수 있을까? 상식에 얽매여 있는 개인 투자가들이 좀처럼 수익을 올리지 못하는 이유는 바로 이 때문이다.

개인 투자가는 자금이 적기 때문에 안전하건 안전하지 않건 모든 종목에 투자할 수 있다. 그 종목에 투자한 이유를 다른 사람에게 설명할 필요도 없다. 기관투자가의 매매 타이밍을 앞서거나 근거는 명확하지 않지만 계절별로 발생할 수 있는 주가의 움직임을 이용하는 등, 기관투자가와는 다른 투자 방식을 취할 수도 있다.

'스타벅스 주식을 1월에 사서 3월에 판다'는 방법은 기관투자가는 사용할 수 없다. 스타벅스 주식은 대형주가 아니기 때문에 많은 자금을 투입할 수 없고 1월에 사서 3월에 판다는 등의 재무 내용과 관계없는 이유로 매매할 수 없기 때문이다.

하지만 개인 투자가라면 아무런 문제가 없다. 이 방법을 이용하면 스타벅스 주식만으로도 충분히 급여나 보너스에 상당하는 금액을 벌 수 있다. 상식에 얽매이지 않는 투자법이야말로 개인 투자가가 생존하기 쉬운 방식이다.

이 책에서는 이 투자법의 구조에서부터 데이터가 보여주는 시세의 움직임, 처음에는 무엇부터 시작해야 할 것인가 하는 지침까지 나의 실질적 경험을 바탕으로 소개한다.

교과서적이지 않은, 시세에서 살아남기 위한 실천적인 내용이기 때문에 조금 어렵게 느껴질 수도 있다. 만약 그렇다면 먼저 3장이나 4장부터 읽기 시작해 시세 이벤트(사건)가 주가에 끼치는 영향을 이해하고 익숙해진 뒤, 다시 1장이나 2장으로 돌아와 원리원칙을 이해하는 식으로 읽는 것이 좋다.

물론, 이 책의 내용을 모두 흉내 낼 필요는 없다. 상식과 동떨어진 곳에 개인 투자가가 살아남을 수 있는 길이 있다는 점만 이해한다면, 분명히 일반상식과는 다른 자세로 투자할 수 있을 것이다.

그리고 독자 여러분만의 투자 방식을 새롭게 만들기 바란다. 이 책은 이를 위한 지침도 소개하고 있다.

내가 이런 투자 기법('이벤트 투자'라고 이름 붙였다)을 시작하게 된 계기는 서점에서 어떤 책을 발견하면서부터다.《도쿄증권거래소 1부 승격 종목을 미리 포착해 자금을 5배로 늘린 J-Coffee 투자법

(東証１部昇格銘柄を事前にキャッチして資金を５倍にしたＪ-Ｃｏｆｆｅｅ投資法)》이라는 책이다. 거기에는 '정해진 날에 반드시 주식을 사지 않으면 안 되는 사람들이 존재'하며 '그 시기를 예측할 수 있다'고 씌어 있었다. 당시 주식 투자에 대한 상식을 완전히 뒤집는 책이었다.

이 한 권의 책 때문에 나의 인생은 크게 바뀌었다. 그로부터 10년의 세월이 흘러 300만 원으로 시작한 나의 자산은 10억 원을을 넘었고 회사를 퇴직해, 금전적으로도 시간적으로도 자유로운 생활을 할 수 있게 되었다.

만약 이 책을 손에 든 독자가 이 책이 계기가 되어 금전적, 시간적인 자유를 얻을 수 있게 된다면, 그리고 지금부터 10년 후에 독자 여러분이 이 책에 이은 후편을 쓸 수 있게 된다면 나로서는 더 큰 기쁨이 없을 것이다.

그리고 반드시 함께 남쪽 섬에서 인생의 성공을 축하하는 파티를 할 수 있기를 바란다. 나는 그때를 기대한다.

자, 그럼 바로 시작하자. 독자 여러분이라면 반드시 할 수 있다!

[알고 가자!]

이벤트 투자란?

실적이나 차트가 아니라, '정해진 날에 반드시 매수해야 하는 사람들'의 흐름을 이용하는 전략.

지수 편입 이벤트란?

KOSPI200·KOSDAQ150·MSCI 등 지수는 정해진 시기에 구성 종목을 바꾸며, 패시브 펀드와 ETF는 새로 편입된 종목을 반드시 편입해야 함. 이 강제 수급이 만들어내는 흐름을 미리 읽어 공략하는 것이 이벤트 투자의 핵심. (* 일본의 '1 부 승격 –TOPIX 편입' 현실과 동일한 원리)

개인 투자가들만 이벤트 투자가 가능한 이유?

기관은 대규모 자원과 규제를 지키며 운용해야 하므로, '계절 효과' '특정 시기의 반복 패턴'처럼 작은 수급의 틈을 활용하기 어렵기 때문.

지금이야말로 '이벤트 투자' 전략을 실행할 때!

한국어판 출판 이야기를 들었을 때 진심으로 기쁨을 느끼는 동시에 일말의 불안감이 스쳤다.

"10여 년 전에 쓴 내용이 지금의 일본 주식시장에서 먹힐까? 하물며 한국 주식시장에서는 어떨까?"

그래서 이 책을 다시 읽어보면서 한국의 주식시장에 관하여 조사해보았다. 그 결과, 오히려 지금이야말로 나의 투자 기술이 한국 시장에서 충분히 응용될 수 있다는 확신을 얻었다.

나는 스타벅스 주식처럼 계절성을 이용한 투자를 지금도 다양한 상황에서 지속하고 있다. 예를 들어, 코모(2224)의 주가는 3월 말 결산을 앞두고 연 1회 제공되는 '코모 빵' 주주 우대를 받기 위한 매수세가 몰리면서, 3월 하순에 정점을 찍는 뚜렷한 흐름을 보이는데, 이런 흐름을 노려 투자하는 식이다. 그 밖에도 이 책에 쓴 내용은 지금도 나의 투자 인생을 지탱해주고 있다. 연도의 끝자리가 5와 9인 해는 무패라는 것도 여전히 이어지고 있다. 이벤트 투자의 핵심은 지금도 일본 시장에서 강하게 빛나고 있는 것이다.

한국의 주식시장은 SK하이닉스(000660)와 HYBE(352820) 등 반도체 기업이나 K-POP 기업의 급성장, 젊은 투자자의 열정으로 활황을 보이고 있다. 일본에서도 한국 주식에 뜨거운 시선이 쏠리고 있으며, 특히 한국의 조선업인 HD한국조선해양(009540)이 화제가 되고 있다. KOSDAQ에서 KOSPI로의 상장은, 일본의 스탠다드 시장(구 도쿄증권거래소 2부)에서 프라임 시장(구 도쿄증권거래소 1부)으로의 승격과 비슷해, 시장의 성장 단계가 양국이 공통된다는 것을 깨달았다. KOSDAQ 기업이 KOSPI로 이전해 KOSPI200에 채용되면 ETF나 기관투자가의 매수가 들어가 주가가 상승한다는 점은 일본의 TOPIX에의 채용 효과(주로 투자신탁과 ETF), 닛케이 평균 주가에의 채용 효과(주로 선물과 옵션)와 겹친다. 한국 투자자의 기민한 판단력과 성장 지향성을 볼 때, 이 책에서 설명하는 이벤트 투자가 그들에게 새로운 무기가 될 것이라고 확신한다.

의미 있는 한국어판 출간이기 때문에 지난 10년간 내가 실천해보면서 가장 중요하다고 깨달은 포인트를 한국 독자 여러분께만 제공하고 싶다. 이벤트 투자의 핵심은 '주가가 연초에 고가권에 있으면서 상승 추세를 보이는 종목을 먼저 선택하는 것'이다. 이 책에서 언급하고 있지만, '고가에 매입해서 더 고가에 매도하는’ 전략이 매우 효과적이다. 과거를 돌아보면, 커다란 성과가 있었던 것도 거의 이 법칙을 따른 것들이었다. 결과적으로 자금 효율이 높아지고 시장의 거대한 파도에 올라탈 수 있다. 그리고 이벤트 대상이 되는 종목의 주주 구성을 반드시 점검하기 바란다. 창업자나 그 가족, 관련 기업 등 주가가 어떻게 되든 팔지 않는 대주주로 구성되어 있다면 커다란 기회다. 반대로, 골드만삭스 등 주가가 오르면 팔아버리는 대주주가 있다면 경계해야 한다. 그들은 앞으로 주가가 더 강세를 보이면 단번에 팔아치울 가능성이 높기 때문이다.

한국에서 주주 우대는 아직 주류를 이루고 있지 않지만 밸류 업 프로그램에 의한 배당 이율 강화나 주주 환원이 진행되면서 일본과 마찬가지로 개인 투자가를 중시하는 흐름이 강해지고 있다.

이 책의 아이디어를 실천해 추세의 물결을 타고 성공을 거둔 여러분과, 언젠가 남쪽 섬에서 두 손 가득 돈을 움켜쥐고 자유로운 시간을 한껏 즐기며 성공을 축하하고 싶다. 과감한 도전 정신과 성장에 대한 갈망을 가진 한국 투자자들이라면 이 꿈은 현실이 될 것이다.

우리 함께 투자에 성공해 풍요로운 미래를 만들어보자!

2025년 유나기

목차

1장

300만 원으로 시작한 주식으로 10억 원 달성!

첫 주식 투자에서
실패를 맛보다

나의 주식 투자 종잣돈은 300만 원이었다.

아내는 '자산 10억 원'이라는 목표를 적어서 벽에 붙여 놓은 종이를 보고 어이가 없다는 표정을 지어 보였다. 하지만 1억 원, 2억 원으로 서서히 이익이 오르자 아내의 표정은 놀라움으로 바뀌었다.

'300만 원 종잣돈을 주식에 투자해 10억 원 달성!'

여러분은 어떻게 생각하는가?

"주식으로 10억 원을 벌었다는 이야기는 자주 들었지만 그건

운이 좋았거나 천재적인 트레이드 능력이 있기 때문이겠지. 어쨌든 나와는 관계없는 이야기야." 이런 식으로 포기할 건가?

물론 운도 작용했을 수 있다. 하지만 주식 세계는 운만으로 십수 년을 살아남을 수 있는 세계가 아니다. 덧붙여 내가 주식 투자를 시작한 것은 1999년의 일이니까 벌써 15년이나 지속했다. 물론 "운만 있었던 게 아니라 실력도 있었기 때문이다"라고 자랑할 생각은 없다. 그렇다고 '천재적인 트레이드 재능이 있는 것인가' 하면 그것도 아니다.

주식 투자를 처음 시작했을 때 큰 손실을 보고 "이제 주식 투자 같은 위험한 다리는 다시는 건너지 않을 거야. 열심히 저축하면서 살아야지"라고 생각했기 때문이다. 천재라면 그런 큰 실수는 하지 않았을 테고 한 번 손해를 보았다고 해서 바로 주식 투자를 하지 않겠다고 포기하지는 않을 테니까.

천재적인 트레이드 재능을 가진 것도 아니고, 지극히 평범한 생활을 하던 샐러리맨인 내가 어떻게 주식 투자로 큰 이익을 내고, 결과적으로 그렇게 바라던 10억 원이라는 커다란 목표를 달성할 수 있었을까. 그 내용을 소개하기 전에 먼저 내가 주식 투자에서 큰 실패를 맛본 경험담을 소개하고 싶다.

내가 처음 주식 투자에 도전한 것은 1999년의 일이다. 당시 나는 대형 통신사의 자회사 사원으로 미국에 부임해 있었다. 근무처는 실리콘 밸리였다.

실리콘 밸리는 세계적으로 유명한 IT 기업이 많이 모여 있는 지역인 데다 당시 미국은 IT 버블이 시작된 시기였다. 시스코 시스템, 애플, 인텔, 선 마이크로시스템, 오라클 등 일일이 열거할 수 없을 정도로 많은 기업이 있었다.

IT 기업에서 일하는 엔지니어를 비롯해 여러 직원과 함께 농담을 나누며 때때로 점심도 같이했다. 한창 IT 붐이 일던 시기, 많은 IT 기업이 잇달아 상장했고, 그 과정에서 자사주나 스톡옵션에 투자한 직원들 대부분이 큰 부를 이루었다.

더구나 마침 미국에서는 '401k플랜'이라고 해서 직접 투자신탁이나 개별종목을 선택하고 자신의 연금을 운용하는 제도가 정착되고 있었다. 직장에서도 "저 주식은 어때?"라거나 "이 주식이 오를 것 같은데"라는 대화가 자주 오갔다.

이런 환경에서 일하다 보면 누구나 주식 투자에 관심을 가지게 된다. 단, 내가 미국에서 주식 투자를 하기에는 한 가지 큰 장애물이 있었다. 어학 실력이었다. 일상적인 대화는 무리 없이 할 수 있었지만, 주식 거래에 문제가 생겼을 때 증권사 창구에서 옳고 그름을 따지며 설명해야 한다는 점이 성가시게 느껴졌다.

미국에 부임했을 당시만 해도 인터넷 증권은 아직 존재하지 않았다. 그러다 인터넷이 빠르게 보급되면서 온라인 증권사가 등장했고, 덕분에 보다 안심하고 투자할 수 있는 환경이 마련됐다. 나 역시 그때부터 미국에서 본격적으로 주식 투자를 시작했다.

처음 매수한 주식은 스타벅스 코퍼레이션과 월트 디즈니 컴퍼니였다. 스타벅스 코퍼레이션은 스타벅스 커피의 총괄 기업이다. 일본에서는 '스타벅스 커피 재팬'(2712)이라는 이름으로 상장까지 했는데, 당시만 해도 일본에 1호점이 막 생겨날 무렵이었다.

물론, 내가 투자한 것은 미국 스타벅스 코퍼레이션의 주식이다. 우연히 내 생활권 안에 스타벅스 커피 상점이 있었는데 인상이 좋았다. 그래서 처음 투자할 종목으로 스타벅스 코퍼레이션을 떠올린 것이다.

월트 디즈니 컴퍼니는 누구나 알고 있는 회사였기 때문에 큰 실패는 맛보지 않을 것이라는 단순한 생각으로 선택했다. 하지만 주가는 그다지 오르지 않았다. IT 붐이었기 때문에 오로지 IT 관련 기업의 주가 상승만 두드러지게 눈에 띄었다.

나는 내 비즈니스 영역에서도 종목을 찾아보자는 생각에 시스코 시스템과 오라클, 그리고 당시에는 아직 적자 기업이었던 아마존 등에 투자했다. 그것이 1999년 가을의 일이다. 계획대로 주가는 점차 올랐고 투자한 금액의 두 배가 되었다. 이때만큼은 내가 투자의 천재가 된 기분이었다. 누구나 처음 큰돈을 벌게 되면 그렇게 착각하겠지만….

하지만 그것이 미국 주가의 정점이었다. 2000년으로 들어서자

IT 버블이 무너지면서 연초부터 서서히 주가가 떨어지기 시작하더니 3월이 되자 단번에 폭락해버렸다. 지금이라면 즉시 손절매를 했겠지만 당시에는 손절매가 무엇인지 그 의미조차 제대로 모르던 때였다. 그 무렵 나의 투자 원칙은 워런 버핏이 말하는 '우량기업에의 장기 투자'였으니까….

TV나 잡지에서도 주가 폭락이 화제로 등장했지만 모두 "다음 4분기에는 회복된다. 경기는 괜찮다"라는 낙관론뿐이었다. 하지만 주가는 회복될 기미가 없었고 오히려 계속 내려갔다. 결국 두 배까지 증가했던 나의 자산은 어느새 원래 투자금액을 밑도는 지점까지 빠져버렸다.

정말 힘들었다. "내가 왜 주식 투자 같은 것에 손을 댔을까. 직장생활로 열심히 모은 돈이 사라져버렸어. 내 미래가 사라져버렸어." 나는 절망감에 사로잡혔다.

우량주의 경우 오래 보유하면 언젠가 주가가 회복될지도 모른다. 그러나 이렇게 주가가 우르르 무너지듯 떨어지는 상황이 3개월, 4개월, 1년씩 이어지면 과연 이대로 버텨도 되는지 의문이 든다. 그때 내가 내린 결론은 단 하나였다.

"안 돼!"

2000년 초가을, 미국에서 결혼을 하면서 예식 비용부터 신혼

여행 경비까지 여러모로 돈이 필요해 결국 보유하던 주식 대부분을 매도했다. 그리고 2001년 2월, 일본으로 귀국하면서 나머지 주식도 모두 처분했다. 나의 첫 번째 주식 투자는 이렇게 패배로 끝났다.

빨판상어 투자법을 만나다

상식을 뒤엎는 주식 투자 필승법

귀국 후에는 일상이 너무 바쁜 데다 첫 투자에서 크게 실패한 탓에 의욕을 잃어 주식에는 거의 손을 대지 않았다. 그럼에도 손해 본 것이 못내 아쉬워, 주식에서 확실히 이길 수 있는 방법이 없을지 계속 찾아보았다.

그러던 어느 날 우연히 들른 서점에서 책 한 권을 만났다. 《도쿄증권거래소 1부 승격 종목을 미리 포착해 자금을 5배로 만든 J-Coffee 투자법》이라는 책이었다. 그 자리에 서서 띄엄띄엄 훑어보는 것만으로 깜짝 놀라지 않을 수 없었다. 그 무렵만 해도 나는 주가가 실적 전망이나 차트 분석에 따라 움직인다고 생각했다. 그러나 이 책에는 그런 통념을 완전히 뒤집는 내용이 담겨 있었다.

이른바 '빨판상어 투자법'에 관해 쓰어 있었는데 예를 들면 이런 내용이다.

"도쿄증권거래소 2부에서 도쿄증권거래소 1부로 승격할 때 주가는 오른다. 그 이유는 도쿄증권거래소 2부에서 1부로 승격되면 TOPIX(도쿄증권거래소 주가지수)에 편성되는데 TOPIX를 기준 삼아 운용하는 기관투자가들이 그 종목을 포트폴리오에 넣을 수밖에 없기 때문이다."

이 책을 통해 실적에 대한 예상도, 차트도 아닌 다른 방법으로 성과를 거둘 수 있는 세계가 존재한다는 사실을 알게 되었다. 그리고 다음 순간, 주식 투자에서 반드시 승리를 거두는 방법은 바로 이것이 아닌가 하는 직관이 움직였다.

필사적으로 잔업까지 해 확보한 300만 원을 종잣돈 삼아 재도전

그렇다면 재도전이다. 하지만 안타깝게도 밑천이 없었다. 결혼이나 이사 등 여러 가지로 돈이 들어갈 일이 많았기 때문에 주식 투자로 활용할 만한 종잣돈을 마련할 수 없었다. 나는 결국 잔업을 이어가며 그럭저럭 300만 원 정도를 간신히 확보할 수 있었다. 그렇다, 이것으로 승부를 내는 수밖에 없었다.

J-Coffee의 기법을 모방해 즉시 빨판상어 투자를 시작했다. 가장 먼저 선택한 종목은 JALUX(2729)였다. 일본항공 계열 회사로, 내가 주식 투자를 재개했을 당시에는 도쿄증권거래소 2부에 속해 있었다. 그런데 마침 이 회사가 주주 수를 늘리기 위해 시간 외 대량매매를 실시하는 게 아닌가. 즉, 도쿄증권거래소 1부에 지정받기 위해 그에 필요한 주주를 모으고 있었던 것이다.

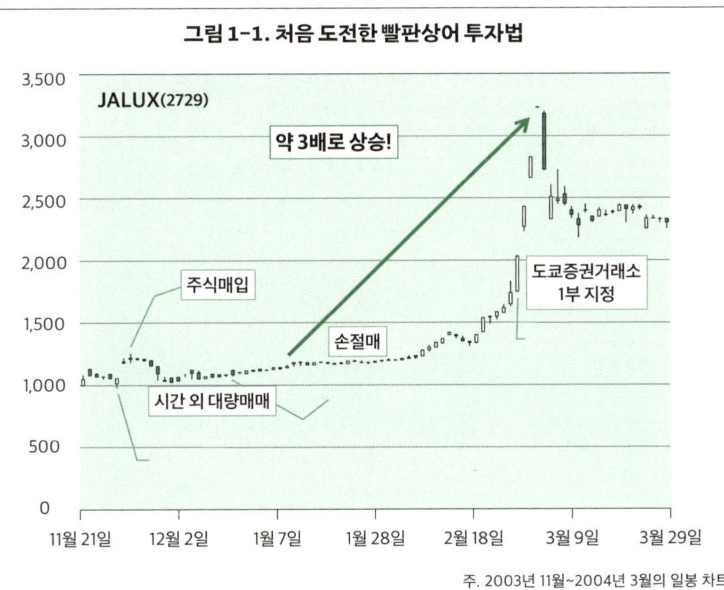

그림 1-1. 처음 도전한 빨판상어 투자법

주. 2003년 11월~2004년 3월의 일봉 차트

J-Coffee의 말이 맞는다면 도쿄증권거래소 2부에서 도쿄증권거래소 1부로 지정될 때 주가가 오를 것이다. 나는 즉시 JALUX

주식에 투자했다.

단, 실제로 도쿄증권거래소 1부로 지정되기까지는 약간 시간이 걸린다. 그사이에 주가는 상승과 하락을 반복한다. 마침 내가 투자한 시점은 주가가 오르내리는 흐름 속에서도 비교적 고점에 있었고, 결국 주가가 내려갔을 때는 손실을 볼 수밖에 없었다.

그대로 계속 보유하고 있었으면 좋았을 것을, "뭐야, 이 방법도 소용이 없잖아!"라는 실망감에 포기를 하고 성급히 손절매를 했다.

그 후, 결국 크게 상승했다. 내가 매입한 2003년 12월 2일에는 종가가 1,190엔이었으나 2004년 3월에 도쿄증권거래소 1부로 지정되면서 3월 4일의 주가가 3,230엔까지 상승한 것이다.

약 3배다.

손절매를 한 것은 억울했지만 동굴 속에 갇혀 있다가 빛을 본 듯한 느낌이었다. "그래, 이 방법이야! 이번 실패는 내가 너무 서둘렀기 때문이야"라는 생각이 들었다.

도쿄증권거래소 1부 종목과 2부 종목이란?
도쿄증권거래소의 1부와 2부는 과거 한국의 코스피와 코스닥에 비유되곤 했다. 2022년 4월 시장 개편을 통해 기존 1·2부 체계가 폐지되고 프라임(대형/우량 기업 최상위 시장)·스탠다드(중간 단계 시장)·그로스(스타트업 등 성장 단계 시장)의 3개 시장으로 재편되었다.

이벤트 투자의
탄생

성공의 열쇠는 시가 총액에 있다

그 후, 여러 가지 관찰을 반복하며 성공하는 종목과 실패하는 종목이 있다는 것을 깨달았다.

그 차이는 어디에 있는 걸까.

도쿄증권거래소 2부에서 도쿄증권거래소 1부로 지정된다는 점은 똑같은데 가격이 오르는 종목도 있고 가격이 내리는 종목도 있었다. 그 열쇠는 종목의 시가 총액에 있다는 사실을 알게 되었을 때, 참을 수 없을 정도로 가슴이 뛰었다.

즉, 시가 총액이 큰 종목은 오르지만 시가 총액이 작은 종목은 주가가 거의 반응하지 않거나 반대로 떨어지는 경우가 많았다.

이유는 간단하다. 도쿄증권거래소 1부로 지정된 종목이 매수세를 받는 것은, 해당 종목이 'TOPIX'라는 인덱스에 편입되기 때문이다. TOPIX를 벤치마크로 삼아 자산을 운용하는 기관투자가들은 새로 1부에 편입되는 기업의 주식을 반드시 편입해야 한다. 특히 시가총액이 큰 종목일수록 TOPIX에 미치는 비중이 커지므로, 기관투자가들은 그 주식을 '살 수밖에 없는' 구조인 것이다.

반대로 시가 총액이 작은 종목은 TOPIX에 미치는 영향이 작기 때문에 기관투자가들은 자신들이 운용하는 펀드에 넣지 않아도 된다고 판단하는 경우가 많다. 즉, 시가 총액이 작은 종목은 도쿄증권거래소 1부로 지정된다고 해도 주가가 오르기 어렵다는 것이다. 이 사실을 알고 나서부터는 시가 총액이 큰 종목만 매수하게 되었고 실적은 비약적으로 올랐다.

주식시장 수급 동향에 영향을 끼치는 외부인

자세한 내용은 뒤에서 설명하겠지만 이 시기에 다양한 투자 아이디어를 시도해보았다. 닛케이 평균 주가를 구성하는 도쿄증권거래소 1부 225개 종목은 정기적으로 구성 변경이 이뤄진다. 이때 새로 편입되는 종목과 주가 사이에 어떤 흐름이 있을 것 같아 조사해보니, 역시 종목에 따라 주가가 크게 오르는 경우가 있었다. 앞서 설명한 TOPIX와 마찬가지로, 닛케이 평균 주가에 미치는 영향이 클수록 편입 시 주가가 오르기 쉬운 구조를 보였다.

스타벅스 주식처럼 주주 우대가 있는 종목들도 상승 흐름을 보이기 시작했다. 나 역시 주주 우대를 받기 위해 주식을 보유하고 있었는데, 주가 흐름을 자세히 살펴보던 중 권리확정일이 가까워질수록 주가가 오른다는 사실을 알게 됐다. 그리고 권리확정일이 지나면 반대로 주가가 떨어지는 것도 발견했다. 이는 말할 것도 없이 주주 우대를 받으려는 투자자들의 매수·매도 움직임이 만들어낸 현상이었다.

이런 현상들은 특정 이벤트(사건)가 발생했을 때 주식시장에서 매도자와 매수자의 힘이 어떻게 변하는지를 보여주는 좋은 예다. 이처럼 수급 변화로 주가가 오르내리는 흐름을 보통 '특수 수급' 등으로 부르는데, 나는 그렇게 표현하니 오히려 이해하기가 더 어려웠다. 그래서 나는 이 현상을 나름대로 해석해 '이벤트 투자'라고 이름 붙였고, 지금도 그렇게 부르고 있다.

연 40%의 수익을 실현하다

매해 대부분 수익을 올리다

일본에 귀국한 뒤 300만 원으로 시작한 이벤트 투자였지만, 몇 년 후에는 현금으로 집을 살 수 있을 정도로 자산이 불어났다. 그리고 그 후에도 순조롭게 자산이 늘었다.

나는 기본 수익률을 30%로 맞춰 놓고 항상 그 이상의 수익을 목표로 삼는다. 리먼 쇼크나 라이브도어 쇼크, 동일본대지진 등에 의해 일시적으로 크게 내려간 적도 있지만, 1년을 놓고 보면 대부분 수익을 냈고 TOPIX 등의 지수를 웃도는 수익을 실현했다.

연이율 40%인 해도 있었고 200%인 해도 있었다.

그림1-2. 1년에 40%를 넘는 이벤트 투자 실적

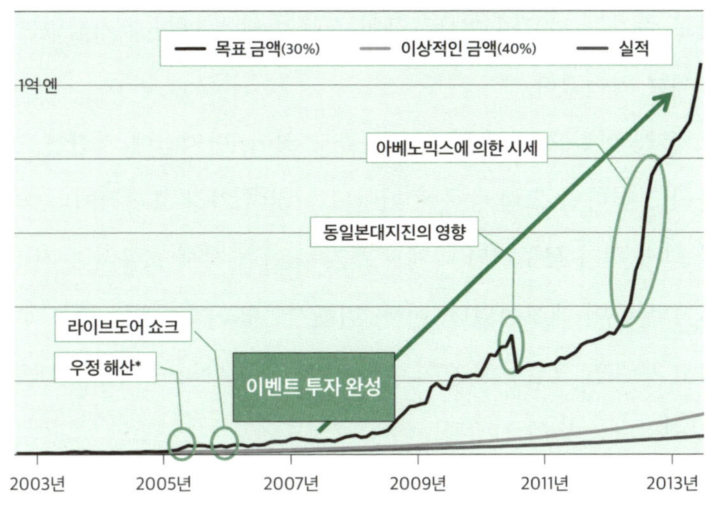

* 역주. 2005년 고이즈미 준이치로 총리가 '일본우정공사'를 민영화하려는 개혁 정책을 추진하고자 했지만 야당에서 반대의 목소리가 컸고 같은 자민당 소속 일부 의원들조차 반대했다. 고이즈미는 격분하여 이 정책을 반드시 밀어붙이겠다며 국민에게 자신의 진심을 직접 묻겠다고 선언하고, 중의원을 전격 해산하는데 이게 '우정 해산'이다.

자세한 내용은 뒤에 설명하겠지만 '이벤트 투자'라고 해도 그 야말로 다양한 아이디어가 있으며 그것들은 그때그때의 시장 환경에 따라 유행하거나 사라진다. 따라서 항상 여러 개의 아이디어를 가지고 있다가 시장 환경 변화에 맞추어 구분해서 사용하면, 서서히 정밀도가 올라간다.

그러나 그렇다 해도, 2005년 우정 해산 이후 이어진 버블 시장에서는 아무래도 TOPIX 상승률을 넘어서기 어려웠다. 이벤트 투자에만 집중한다면 피하기 힘든 한계라고도 할 수 있다. 고이즈미

내각이 단행한 우정 해산은 결국 정권의 승리로 이어졌고, 그 여파로 주가는 2007년 서브프라임 쇼크가 닥칠 때까지 거침없는 상승세를 이어갔다.

본래 이런 장세에 강한 종목들도 있어, 단기간에 자산을 크게 불리고 싶다면 그런 종목에 뛰어드는 것이 가장 효과적이다. 하지만 당시 내가 몰두했던 이벤트 투자는 이런 시세 흐름과는 거리가 먼 종목들이 대상이었다. 이를 '디펜시브(defensive·방어) 종목 투자'라고 부르면 그럴듯해 보이지만, 사실 그 이상의 수익을 기대하기는 어렵다는 뜻에 가깝다.

연초 최고가의 종목과 조합을 이루다

이벤트 투자의 매력은 주가가 하락하는 장에서도 꾸준히 수익을 낼 수 있다는 데 있다. 그러나 반대로 시장이 버블로 들떠 있을 때에는 큰 수익을 기대하기 어려워, 전체 장세의 열기를 따라잡기 힘들다. 그 점이 이 전략의 한계라면 한계다.

따라서 이벤트 투자를 하면서 동시에 버블경제 같은 상승기의 TOPIX 등을 웃돌 수 있는 수익을 얻으려면 더 큰 수익을 올릴 수 있는 방법을 조합해야 한다.

예를 들어, 연초에 최고가를 갱신한 이벤트 투자 대상 종목에 적극적으로 자금을 투입해 매수하는 식이다. 버블경제가 상승할 때는 고가를 찍은 종목이 한층 더 높은 가격을 찍는 경향이 있는 데 거기에 편승하는 전략이다.

나는 2005년의 경험이 너무나 억울했기 때문에 2012년 겨울 아베노믹스(Abenomics. 역주: 2012년 12월 제2차 내각을 발족시킨 일본 자유 민주당의 아베 신조 총리가 내건 경제 정책의 총칭. '세 개의 화살'로 비유되는 과 감한 금융 완화, 재정 지출 확대, 민간 투자 확대를 통한 성장 전략이 주된 내용) 에 의한 시세 상승이 왔을 때 전력을 다해 연초 최고가를 경신해 온 이벤트 대상 종목을 매수했다. 시세 상승에 뒤처지지 않도록 주식보유율을 단번에 높인 것이다. 그 결과 TOPIX를 크게 웃도 는 성과를 남길 수 있었다.

샐러리맨을 그만두고 전업 투자가의 길로

2013년은 아베노믹스 덕분에 닛케이 평균 주가가 57%나 상승한 해였다. 이 시기에 주식 투자로 큰 이익을 올린 사람도 있을 테고 그중에는 기세를 타고 전업 투자가가 된 사람도 있을 것이다.

원래 샐러리맨이었던 내가 전업 투자가가 되겠다는 결단을 내린 것은 부서 이동을 명령받고 주식 투자에 시간을 할애하기 어려울 것이라는 판단을 내렸기 때문이다.

샐러리맨일 때는 온종일 업무를 처리해야 하기 때문에 책상의 컴퓨터를 이용해 매매를 하기 어렵다. 그래서 회사에 출근하기 전과 점심시간에 주문을 낼 수 있는 방법만 선택해 투자하고 있었다. 물론 단타 매매는 전혀 하지 않았다. 몇 년에 한 번 정도 긴급하게 대응해야 할 필요가 있는 경우에는 휴대전화를 들고 화장실로 갔다.

그러나 종일 컴퓨터 앞에 붙어 있는 쪽이 수익을 내기 쉬운 날도 있다. 예를 들면, 닛케이 평균 채용 종목의 교체가 이루어지는 날 등이다. 그런 날은 회사를 쉬었다. 시기적으로는 매년 9월 후반이지만, 이날만큼은 수익을 올릴 수 있는 기회이기 때문에 아무리 본업이 바빠도 미리 쉬겠다는 선언을 했다.

회사에 들키지 않았느냐고? 들키지 않았다. 사실 회사 상층부에는 만약의 경우를 대비해 미리 주식 투자를 하고 있다고 말해두었다. 동료들에게는 전혀 이야기하지 않았다. 퇴직할 때만 주위 사람들에게 사정을 설명했을 정도다. 그래서 지금도 동료 대부분은 내가 주식 투자를 하고 있었다는 사실을 모른다.

주식 투자는 개인의 자유이지만 아무리 점심시간이라고 해도 너무 당당하게 휴대전화로 차트를 들여다보면 회사 안에서 나쁜 소문이 발생할 우려가 있다. 당시에는 아직 겸업 투자가인 이 상태를 유지하는 것도 나쁘지 않겠다는 마음이 있었기 때문에 사내의 평판에 주의를 기울이고 있었다. 그런데 어느 날 갑자기 운명의 날이 찾아왔다. 부서 이동을 명령받은 것이다.

새로 부임하게 될 곳은 정신없이 바쁘게 움직여야 하는 부서였다. 이대로 이동한다면 주식 투자에 할애할 시간이 훨씬 줄어들게 된다. 이벤트 투자가 간신히 형태를 갖추게 된 시점에서 부서 이동 결정은 정말 냉혹한 것이었다. 2011년의 일이다.

더구나 이벤트 투자가 순조롭게 움직이기 시작했다고 해도 아직 자산을 그다지 구축하지 못한 상태였다. 사실 조금 더 자산을 키운 다음에 회사를 그만두는 선택지도 생각하고 있었는데 이동 타이밍이 내 예상보다 훨씬 앞당겨져 버렸다.

이제 결단을 내려야 했다. 한동안 일에만 전념할지, 아니면 이 기회에 결단을 내리고 회사를 그만둘지….

만약 이대로 회사에 머무른다면 아마 60살까지 가능성이 없는 인생을 보낼 게 뻔했다. 한편, 전업 투자가의 길을 선택한다면 급여라는 안정된 현금 수익은 사라지지만, 그래도 그쪽이 나을 것 같았다.

그렇게 저울질을 한 뒤에 나는 퇴직하기로 마음먹었다. 업무를 인수인계하는 등 회사 측의 사정도 있어서 실제로 퇴직하기까지는 그로부터 1년 정도가 걸렸다.

단, 만약의 경우의 위험성도 생각하고 있기는 했다. 만약 나의 투자법이 통하지 않아 정말로 돈이 떨어진다면 시골로 내려가 인터넷 판매를 시작할 생각이었다. 그렇게 하기 위해 회사를 퇴직하기 전부터 인터넷을 사용한 비즈니스와 관련된 교재를 구입해 열심히 공부했다.

게다가 내가 다니던 회사에는, 퇴사했더라도 2년 이내에 면접을 거쳐 원래 자리로 복귀할 수 있는 제도가 있었다. 정말 어려워지면 그 제도를 활용해 돌아갈 수도 있었다는 뜻이다. 물론 실제로 돌아갈 생각은 전혀 없었지만 말이다.

전업 투자가가 되려는 사람은 이처럼 다양한 대처 방법을 고민해두는 게 좋다. 대처 방법이 있기 때문에 정신적으로 안정된 주식 투자를 할 수 있다. 결과적으로 대처 방법을 사용할 필요가 없다고 해도 나쁘지 않다. 그것은 곧 주식 투자에서 성공했다는 뜻이니까.

가족을 어떻게 이해시켜야 할까

그리고 내 경우, 또 하나의 큰 장애물이 있었다. 아내를 어떻게 설득할 것인가 하는 문제였다. 갑자기 회사를 그만둔다고 하면 뭐라고 할까. 그래서 우선 위험을 분산할 수 있는 수단을 몇 가지 준비하고 있다고 전한 뒤 "이제 도시락을 준비하지 않아도 되고 아침에도 푹 잘 수 있잖아", "평일이건 주말이건 언제든지 마음대로 여행갈 수도 있어"라는 식으로 설득했다.

결혼해서 가족이 있는 사람은 이 부분이 상당히 중요하다. 어쨌든 지금까지 아침마다 회사에 출근하던 사람이 갑자기 온종일 집에 머무르면서 컴퓨터만 들여다보는 생활로 바뀌는 것이니까 아내를 설득하지 않고는 일을 진행할 수 없다.

전업 투자가로서 자신이 있었냐고 물어본다면 확실하게 답하기 어렵다. 회사를 그만두기 전까지 이벤트 투자의 수법을 이용해 어느 정도 자산을 늘린 것은 사실이지만, 그래도 그런 투자 기법 이 계속 통할 것인지는 예측하기 어려웠기 때문이다.

게다가 회사를 그만둔 것은 2012년이니까 아직 일본의 주식시 장이 동트기 전의 가장 어두운 암흑기이기도 했다. 그런 만큼 상 사는 "자네, 정말 회사를 그만둬도 괜찮겠어?"라며 우려하는 모습 을 보였다. 어쨌든 새 부서로 옮기면 아침 일찍부터 밤늦게까지 고객을 상대하느라, 낮에는 전혀 트레이드를 할 수 없는 환경에 놓일 가능성이 있었다.

그렇다. 나는 전업 투자자로서 잘할 자신은 없었다. 그럼에도 '즐겁다고 느끼는 일을 해보자'는 생각이 들었고, 내게 그 일은 주 식 투자라는 사실을 깨달았다. 또한 미국 애플의 CEO였던 스티 브 잡스가 스탠퍼드대 졸업식에서 남긴 전설적인 연설도 내 결정 에 큰 영향을 주었다.

"만약 오늘이 인생의 마지막 날이라 해도 지금 하려는 일을 할 것인지 스스로에게 물어보세요. 그 질문에 '아니요, 하지 않을 겁 니다'라는 대답이 며칠이고 이어진다면, 그 선택을 다시 생각해야 합니다." 나는 결국 사직서를 제출했다.

그의 말대로 실천하기로 한 것이다. 그리고 드디어 꿈같은 개 인 투자가 생활이 시작됐다.

연간 MVP, 그리고 주식 배틀에서의 우승!

전업 투자자가 되기 전부터 홈페이지 등을 통해 이벤트 투자 기법을 적극적으로 공개해왔기 때문에, 잡지 등 여러 미디어로부터 취재 요청이 들어왔다. 나는 《닛케이 머니》에서 연간 MVP를 받은 적도 있고, 경제지 《다이아몬드 ZAi》가 진행한 주식 배틀에서 우승한 적도 있었다.

《닛케이 머니》가 수여하는 연간 MVP는 일정 기간 실제 트레이드를 통해 자산을 얼마나 불렸는지를 겨루는 상이 아니다. 그해 전체를 돌아보았을 때 '가장 주목할 만한 개인 투자가'를 선정하는 상이다.

솔직히 말해, 시장이 좋았다면 내가 MVP에 뽑힐 일은 없었을 것이다. 시장이 호황일 때는 10억 원, 20억 원 단위의 수익을 올리는 개인 투자가가 반드시 나타나기 때문이다. 그런 환경에서는 나처럼 이벤트 투자로 꾸준히, 하지만 크지 않은 수익을 쌓아가는 투자자는 주목받기 어렵다.

하지만 내가 《닛케이 머니》 연간 MVP를 받은 해에는 시장이 전반적으로 침체된 상태였다. 이벤트 투자는 이런 시기일수록 진가를 발휘한다. 시세가 계속 가라앉는 상황에서도 꾸준히 수익을 냈다는 점이 높게 평가되어, 결국 연간 MVP로 선정되었다.

승리의 여신이 미소 지은 미니주 배틀

한편 《다이아몬드 ZAi》가 실시한 미니주(역주. 일본에는 기업이 정한 기준 수량을 최소 거래 단위로 설정해 거래를 하는데 그런 규제와 관계없이 1주라도 마음대로 사고파는 방식의 주식을 미니주라고 함) 배틀은 자신의 자금으로 도전하는 진검승부다. 참가자는 네 명으로, 각자 종목을 선택해 1년 동안 누가 가장 많은 수익을 올렸는가를 경쟁한다. 참가자들은 나를 제외하면 주식평론가의 아들, 시스템 트레이더, 연예인이었다.

솔직히 말하면 정말 힘든 배틀이었다. 매달 종목을 바꾸어야 했기 때문이다. 《다이아몬드 ZAi》는 월간지다. 매달 똑같은 종목이 유지되면 기획이 재미없어지기 때문에 종목을 계속 바꾸면서

운용 실적을 경쟁해야 한다.

덧붙여,《다이아몬드 ZAi》의 미니주 배틀이 실시된 것은 마침 리먼 쇼크가 발생한 해이니 2008년의 일이다. 이 해는 전원 실적이 부진해 마지막에는 나와 시스템 트레이드를 하는 분의 1 대 1 승부가 되었다. 둘 다 리먼 쇼크 때문에 간신히 실적을 유지하고 있는 상태였다. 그런 상황에서 승리의 여신이 내게 미소를 지었다.

음향기기 제조업체 '데논'과 '일본 마란츠'를 보유한 지주회사 D&M 홀딩스(D&M Holdings)의 대주주가 주식 양도에 관하여 이곳저곳에 말을 걸고 있다는 뉴스가 들어왔다. 그렇다면 TOB(Take-Over Bid. 주식 공개 매입 제도)가 진행될 가능성이 높다.

나는 반드시 TOB가 이루어질 것이라는 확신을 가지고 D&M 홀딩스의 주식을 매수했다. 그리고 배틀이 종료되는 마지막 날, 미국 베인 캐피탈(Bain Capital) 계열의 특별목적회사가 D&M 홀딩스를 TOB한다는 보도가 흘러나왔다. 이 발표 때문에 D&M 홀딩스의 주가는 단번에 상승했다. 그야말로 마지막 순간에 승리가 확정된 것이다.

다만 이 성과 역시 시장 상황이 나빴던 덕에 얻을 수 있었던 결과였다. 솔직히 말해 운용 실적을 유지하기 위해 주주 우대 종목 공략, 대량 매수, 도쿄증권거래소 1부 승격 예상 종목에 투자하는 등 이벤트 투자에서 떠올릴 수 있는 거의 모든 아이디어를 총동원해 어떻게든 수익을 지켜냈다. 그리고 마지막에 TOB까지 활용해 결국 승리를 거둔 것이다.

아마 아베노믹스로 시장이 크게 상승하던 시기와 같은 환경이었다면, 내가 아무리 이벤트 투자 아이디어를 총동원하더라도 신흥종목을 과감히 매수하는 참가자에게 큰 격차로 패배했을 것이다.

개인 투자가가 노릴 수 있는 틈새는 많다!

미국에서 근무하던 시절 주식 투자에 실패해 큰 손실을 떠안았던 경험이 아직 트라우마로 남아 있는 것인지 모르겠지만, 지금도 나는 손해 보는 일을 무엇보다도 싫어한다. 솔직히 손실을 끌어안은 상황을 견뎌낼 수 없다. 따라서 역추세 매매에는 매우 약하다. 크게 내려간 상태에서 매수할 수는 있지만 서서히 내려가 바닥을 알 수 없는 상황에서는 불안해서 매수하지 못한다. 즉, 물타기 매매 같은 것은 거의 불가능하다.

그 대신 피라미딩(Pyramiding)은 자신 있다. 피라미딩은 추세 매매 투자에서 이익이 오른 시점에 더 많은 주식을 매수해 이익을 늘려가는 방법이다.

이 방법은 제시 리버모어(Jesse Lauriston Livermore)라는 투자가를 모델로 삼은《어느 주식 투자가의 회상(Reminiscences of a Stock Operator)》이라는 책과 리버모어 본인의 저서《주식 거래 방법(How to Trade in Stocks)》에 쓰여 있다. 리버모어는 상식을 뒤엎는 발상을 가진 사람으로, 고가를 뚫은 시점에서 이익을 확정 짓는 게 아니라 오히려 매수를 더 늘려가는 투자법으로 큰 이익을 냈다.

이 책들을 읽었을 때 나는 큰 충격을 받았다. 시세의 흐름을 타고 점점 더 매수를 늘려가는 방식이라니! 이 기법을 흉내 내 나도 적극적으로 피라미딩을 실행해 매우 효율적으로 이익을 낼 수 있었다.

물론, 역추세 매매가 나쁘다는 말은 아니다. 누구에게나 자신 있는 분야, 자신 없는 분야가 있으니 자신에게 맞는 투자 스타일을 갖추는 것이 중요하다. 나는 보통 이벤트 투자를 활발히 할 때는 대략 30종목 정도, 특별한 일이 없고 시장이 한산한 시기에는 2~3종목만 들고 있는다. 솔직히 30종목을 넘기면 가격 흐름을 제대로 파악하기 어렵다.

30종목 이상을 보유하고 있으면 '주주 우대 폐지' 같은 악재가 나왔는데도 알아채지 못한 채 계속 들고 있는 경우가 생길 수 있다. 그래서 나는 보유 종목 수를 최대 30개 정도로 제한하며 투자하고 있다.

나는 파친코를 워낙 좋아해서, 대학 졸업 후 취직하지 않고 그걸로 생계를 꾸려볼까 생각한 적도 있었다. 하지만 곧 포기했다. 파친코는 생각보다 고된 육체노동이었고, 담배 연기가 자욱한 곳에서 오래 버텨야 한다는 점도 견디기 어려웠기 때문이다.

파친코가 무슨 육체노동이냐고 의아해하는 분도 있을 것이다. 하지만 계속 앉아만 있으면 등이 아프다. 또 슬롯머신의 경우 계속 버튼을 눌러야 하기 때문에 손가락 관절에 통증이 발생한다. 물론 조금이라도 손가락의 부담을 줄이기 위해 여러 가지 기술을 구사해 버튼을 누르기도 하지만 그래도 결국은 무리가 가고 통증이 발생한다.

그리고 파친코나 슬롯머신은 혼자 해야 하고, 시간당 사용할 수 있는 금액에도 상한선이 있다. 즉, 자금을 여느 때보다 2배, 3배로 늘려 레버지리 효과(leverage. 지렛대 효과. 기업 등이 차입금 등 타인의 자본을 지렛대처럼 이용해 자기 자본의 이익률을 높이는 것)를 기대할 수는 없다.

반면에 주식 투자는 육체노동이 아니며, 단타 매매가 아닌 한 그 자리에 계속 앉아 있을 필요도 없다. 더구나 레버리지 효과도 기대할 수 있다. 그래서 파친코에서 발을 뺐다.

파친코로 먹고살 생각이었다고 말하면 반드시 이런 질문이 날

아온다. "파친코 필승법이 있습니까?" 그렇다. 있다. 파친코에서 이기는 방법은 의외로 단순하다. 한마디로 '기대치를 웃도는 기계에서 계속 게임을 하면' 된다.

파친코에서의 대박은 확률로 결정된다. 예를 들어 200회 중 한 번 대박이 나는 기계가 있는데 대박이 날 경우 5만 원 어치의 동전이 나온다고 치자. 200회 중 1회가 5만 원이라면 본인의 자산 5만 원을 다 사용하기 전에 200회전을 시키면 된다. 그러니까 만약 2만 원으로 200회전 시킬 수 있다면 차액인 3만 원이 수익이 된다.

슬롯머신의 경우는 좀 더 복잡하지만 중요한 것은 1~6까지의 설정이 있고 그 설정 안에서 가장 높게 설정된 기계를 선택할 수 있다면, 계속 게임만 하면 된다는 것이다. 그렇게 하면 자연스럽게 코인이 증가한다.

결국 이것은 관찰의 세계다. 가게에 따라서는 오랜 기간 설정을 변경하지 않는 곳도 있다. 따라서 기계를 잘 분석해 설정이 높은 것을 선택하면 확실하게 이길 수 있다.

게다가 '서비스 데이'라는 것도 있는데 이날은 모든 기계의 설정이 높아진다. 그러니까 그런 날을 노려 여러 가게를 돌아다니는 것도 방법이다. 그 밖에도 여러 가지 기술이 있지만 어쨌든 막연히 게임만 해서는 확실하게 패배한다. 패배하지 않으려면 신중하게 관찰해 나름대로 깨달아야 한다. 그런 분석을 할 줄 아는 사람이라면 파친코에서 이길 수 있다. 그리고 깨달은 부분을 잘 활용해 이익과 연결하면 재미는 훨씬 더 증가한다.

이벤트 투자는 관찰이 중요하다

이것은 주식 투자에서도 마찬가지다. 특히 내가 주장하는 '이벤트 투자'는 그야말로 작은 틈새, 기대치가 높은 지점을 멋지게 간파해 이익을 낸다는 점에서, 파친코에서의 필승법과 비슷한 점이 있다. 물론 어디까지나 확률이기 때문에 패배할 수도 있다. 하지만 기대치가 높은 투자행위를 계속하다 보면 최종적으로는 이길 가능성이 높아진다.

무엇보다 중요한 것은 '관찰'이다.
데이터 분석을 위해 복잡한 기법을 쓸 필요는 전혀 없다.

나는 특별히 복잡한 기법으로 분석을 하는 것도 아니고 사용하는 소프트웨어도 엑셀이 전부다. 다음 장부터는 내가 지금까지 실시해온 이벤트 투자 중에서 온종일 일해야 하는 샐러리맨들도 할 수 있는 투자 기법을 중심으로 설명하겠다. 이것을 힌트 삼아 직접 주식시장을 관찰해보면 틀림없이 뭔가 깨달을 수 있을 것이다.

그리고 여러분에게 맞는 투자 기법을 갖출 수 있다면 샐러리
맨에서 벗어나 전업 투자가로 생활할 수 있을 것이다!

☐ 손절매 없이 '언젠가 오르겠지' 하고 버티면 IT 버블 때처럼 치명적인 손실을 볼 수 있다.

☐ 실적·차트뿐 아니라 지수 편입, 시장 구분 변경 같은 '이벤트'도 주가를 좌우한다.

☐ 시가총액이 큰 종목일수록 지수 편입 이벤트에서 주가가 오를 가능성이 크다.

☐ 이벤트 투자는 하락장에서도 수익을 노릴 수 있지만, 버블장에서는 수익 한계를 인정해야 한다.

☐ 주식 투자의 핵심은 복잡한 이론이 아니라, 시장을 관찰해 '기대수익이 높은 패턴'을 반복 공략하는 데 있다.

2장

꽃가게에서 주식 수익의 원리를 배워라: 이벤트 투자의 기본

이벤트 투자는 꽃가게와 함께

가끔 투자 세미나에서도 하는 이야기지만, 이벤트 투자를 쉽게 설명하기 위해 무엇에 비유해야 할지 늘 고민하게 된다.

여러 가지 비유를 생각하는데 최근에는 꽃가게에 비유하고 있다.

여러분이 꽃가게를 운영한다고 가정해보자. 가장 먼저 중요한 것은 '매입'이다. 생화 시장에 가서 매장에 진열할 꽃을 사 와야 한다. 그렇다면 무엇을 기준으로 매입해야 할까? 자신이 좋아하는 꽃만 골라서 들여올 것인가? "오늘은 내가 좋아하는 꽃을 싸게 살 수 있네. 이런 기회는 흔치 않으니까 많이 사두자." 이런 기준으로 장사한다면 그 꽃가게는 금방 망하고 말 것이다. 왜냐하면 그것은 어디까지나 자기만족일 뿐, 장사와는 별개이기 때문이다.

꽃을 매입할 때 가장 중요한 것은 '고객의 입장에서 생각하는 것'이다. 고객이 지금 어떤 이유로 꽃을 사고 싶어 하는지 이해하지 못한 채 무작정 매입하면, 대부분은 팔리지 못하고 그대로 폐기될 것이다. 예를 들어, 졸업 시즌에는 꽃다발을 찾는 손님이 늘고, 어버이날에는 카네이션 수요가 급증한다. 그 밖에도 크리스마스, 생일, 발렌타인데이, 화이트데이처럼 꽃을 선물하는 이벤트는 다양하다. 이런 시기에 맞는 꽃을 준비해두면, 그에 맞는 고객이 자연스럽게 찾아오게 마련이다.

이벤트 투자도 마찬가지다. "이 시점에는 이런 투자자가 이런 종목을 사고 싶어 할 것이다"라는 판단을 바탕으로, 그에 맞는 종목을 미리 사두면 된다.

이것은 꽃가게의 발상과 같다.

투자가들이 어떤 시점에 어떤 주식을 사고 싶어 하는지 미리 알고 있으면 높은 확률로 수익을 낼 수 있다. 상대는 어떻게든 그 종목을 원하기 때문에 어느 정도 주가가 높더라도 매수를 해준다. 그러니까 여러분은 아직 인기가 없을 때 그런 종목들을 사두었다가 투자가들이 그 종목을 원하는 타이밍이 왔을 때 팔면 된다.

고객의 특징을 파악한다

개인 투자가에게 팔 것인가, 기관투자가에게 팔 것인가

이벤트 투자로 이익을 내려면 먼저 '매수'를 해야 한다. 앞서 꽃가게 비유로 설명했듯, 매수할 때는 항상 고객의 입장에서 생각해야 한다. 즉, 꽃을 사 올 때도 지금이 어떤 시기인지, 고객이 어떤 목적으로 꽃을 찾는지 염두에 두고 매입할 품목을 결정해야 한다.

그리고 잊지 말아야 할 또 하나는 '어떤 고객에게 그 꽃을 팔 것인가' 하는 점이다. 이걸 주식 투자에 적용하면, 지금 보유한 주식을 어떤 투자자에게 팔아 수익을 낼 것인지 판단하는 일과 같다. 주식시장에서 '고객'이 되는 투자자는 크게 두 부류로 나뉜다.

개인 투자가와 기관투자가다.

세밀하게 분류하면 몇 가지 더 분류할 수 있지만 외국인 투자가이건 연금이건, 또는 금융 법인이건 여기에서는 모두 기관투자가로 뭉뚱그려 생각하도록 하자.

개인 투자가와 기관투자가는 같은 주식에 투자하더라도 행동 패턴이 전혀 다르다. 개인 투자가의 경우 좋건 싫건 주머니 사정의 영향을 받는다. 주머니 사정이 좋으면 계속 매수를 하고 반대로 주머니 사정이 나쁘면 전혀 움직이지 않는다. 이에 반하여 기관투자가들은 일정한 규칙에 따라 기계적으로 매매를 반복한다. 비가 오나 눈이 오나 거의 같은 행동 패턴을 취한다. 계절이나 시세 환경에 따라 행동 패턴이 바뀌지도 않는다. 따라서 매수한 주식을 팔아 수익을 낼 때는 개인 투자가와 기관투자가 중 어느 쪽을 상대할 것인지 먼저 생각해야 한다.

쉽게 말하면 시장이 불황일 때는 개인 투자가의 움직임이 매우 둔해지니 기관투자가를 상대하는 것이 좋고, 반대로 시장이 활황일 때는 개인 투자가의 활발한 거래에 의해 기관투자가의 움직임이 눈에 띄지 않게 되니 개인 투자가를 상대하는 것이 좋다.

그렇다면 현재 시장이 개인 투자가가 주도하는 시장인지 아닌지 확인하려면 어떻게 해야 할까. 방법은 간단하다. 각 인터넷 증권사나 경제신문사가 공표하고 있는 신용매수의 '신용평가 손익률' 숫자를 보면 짐작할 수 있다.

신용매수의 신용평가손익률이란 신용매수 거래에서의 총매수 평가손익합계액을 신용매수 잔고 합계금액으로 나누어 구할 수 있다. 요컨대, 신용매수 거래로 주식에 투자하고 있는 사람이 얼마나 손해를 보고 있는지 보여주는 것이다.

일반적으로는 이 수치가 ▲10%를 밑돌면 시세 분위기가 상당히 나빠진다. 또 ▲15~20%까지 떨어지면 시세 침체기에 들어간다. ▲3~3.5%에 가까워지면 시세는 고양감이 넘친다.

이 수치가 나쁠 때는 당연히 개인 투자가들이 거의 움직이지 않는 상황이 발생해 주식시장은 활기를 잃는다. 이제 기관투자가들이 나설 차례다. 한편, 이 숫자가 호조를 보일 때는 시세도 활황이라는 뜻이기 때문에 개인 투자가를 상대로 거래하는 편이 좋다. 이런 사실을 깨달은 것은 2008년에 발생한 리먼 쇼크 이후다. 리먼 쇼크 때문에 주가가 폭락했을 때 개인 투자가들은 전혀 움직이지 않았다. 폭풍처럼 손절매가 이어져 이벤트 투자는 생각도 할 수 없었다.

각종 이벤트 일정은 이미 정해져 있어서 주가가 어떤 상황이 건 이벤트는 일정대로 진행되지만, 개인 투자가들은 완전히 전의를 상실해 이벤트 투자를 하는 사람이 거의 없다.

하지만 이런 시기일수록 장 마감 무렵 주가가 급등하는 패턴을 여러 번 목격할 수 있다. 당연히 기관투자가들의 매수 때문이다. 평소에는 개인 투자가들이 활발하게 움직이기 때문에, 장 막판 상승을 노리고 기관이 대량 매도에 나서는 경우가 있다. 그 영향으로 주가는 더 오르지 못하고 눌리게 된다. 그러나 이는 시장을 받쳐주던 개인 투자가의 매물이 사라지자, 기관투자가들의 매수세가 단번에 표면으로 드러난 것이다.

같은 이벤트 투자 기법이라도 불균형이 나타난다

또 개인 투자가의 경우는 앞에서 말했듯 주머니 사정에 따라 상황이 크게 달라진다. 똑같은 이벤트 투자 기법을 사용하는데도 어떤 경우에는 효과가 있고 어떤 경우에는 효과가 없는 식으로 불균형이 발생하는 것이다.

이것도 이유는 간단하다. 개인 투자가의 경우 주머니 사정이 좋을 때는 자금적인 여유가 있기 때문에 어느 정도의 손해를 감수하고 계속 매수한다. 따라서 시세 환경이 좋을 때는 개인 투자가가 더 많이 매수하며 평소보다 넉넉하게 사둔다.

시장 분위기가 좋을 때는 공모나 증자가 발표되면 주가가 떨어져야 하지만, 개인 투자가들이 이를 '저가 매수 기회'로 여기고 적극적으로 사들이기 때문에 실제로는 주가가 좀처럼 내려가지 않는 현상이 나타난다. (참고로 현재 시장 환경을 파악할 때는 공모나 증자 때 나타나는 주가 흐름을 참고하는 것이 좋다.)

이처럼 시세가 좋은 시기에는 '매도로 시작하는 이벤트 투자'를 하기가 상당히 어렵다. 반대로 시장이 침체되고 주가가 전반적으로 하락해 개인 투자가의 자금 여력이 줄어들면, 개인들은 보유 종목을 한꺼번에 처분하려 하는데 그때가 바로 매도 기회다.

기관투자가도 투매를 하는 경우가 있다

기관투자가라고 해서 항상 매수만 하는 것은 아니다. 그들도 때때로 보유 종목을 과감히 던지는 일이 있다. 대표적인 사례가 올림푸스(7733) 사건이다. 이 회사 주가는 2011년 1월 말만 해도 2,300엔 안팎이었지만, 손실 은폐 문제가 드러나면서 그해 11월에는 480엔대까지 추락했다. 소문만 돌던 초기에는 개인 투자가와 헤지펀드의 매도세가 주가를 크게 끌어내렸다.

당시에는 아직 움직이지 않던 기관투자가들도, 회사가 문제를 공식적으로 인정하기 시작하자 태도가 달라졌다. 불상사를 일으킨 기업의 주식을 보유할 수 없다는 내부 규정과 그 주식을 계속

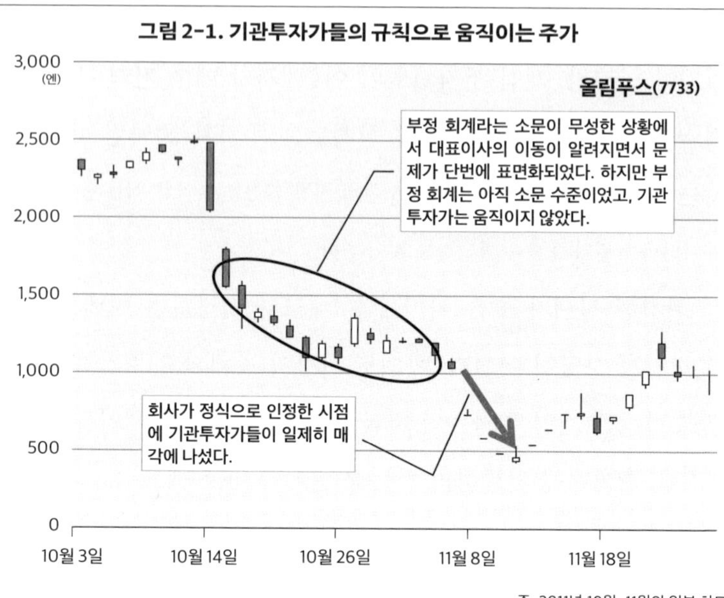

보유해야 할 합리적 이유를 투자자들에게 설명할 수 없다는 점 때문에, 장기적으로는 주가가 회복될 것이라 예상하면서도 결국 매도할 수밖에 없는 처지에 놓인 것이다.

기관투자가들의 이러한 매도가 한 차례 돌고 난 뒤, 주가는 다시 상승세로 돌아섰다. 팔 사람이 없어지고 매수 외에 선택지가 없는 상황이 만들어졌기 때문이다.

이런 사례는 꽤 많다. 2012년에는 오키전기(6703)의 스페인 자회사가 회계를 부적절하게 처리했다는 발표가 나오면서 주가가 크게 하락했다. 이때도 마찬가지로 기관투자가들은 보유하던 오키전기 주식을 매도할 수밖에 없는 상황에 몰렸다.

　이런 구조를 이해하면, 기관이 어쩔 수 없이 매도할 때 매수해두었다가 시장이 진정되고 주가가 과거 수준으로 회복된 뒤 되파는 전략을 세울 수 있다.

손질이 편한 꽃을 고른다

꽃 중에는 환경이 조금만 달라져도 금방 시들어버려 정성스럽게 관리해야 하는 종류가 있고, 거의 손을 대지 않아도 오래 피어 있는 종류가 있다. 보유 기간이 짧다면 손이 많이 가는 꽃도 상관없지만, 오래 두고 팔아야 한다면 관리가 쉬운 꽃을 선택하는 것이 훨씬 편하다.

주식 투자도 마찬가지다. 시장 환경 변화에 민감하게 반응하는 종목은 데이트레이딩에는 적합하지만, 이벤트 투자에는 맞지 않는다. 이벤트 투자에는 시세 변화에 크게 흔들리지 않는 종목이 더 잘 맞는다.

2013년에는 경호 온라인 엔터테인먼트(3765)나 빌링 시스템

(3623)처럼 단기간에 주가가 수십 배나 급등한 종목이 여럿 있었다. 신흥 기업에 투자하면 위험이 큰 만큼 큰 수익을 기대할 수 있다. 또한 장기 투자뿐 아니라 단기 투자로도 큰 수익을 올릴 가능성이 있다. 많은 개인 투자가들이 "장기 투자가 중요하다"고 말하면서도 실제로는 단기간의 큰 수익을 원하기 때문에 신흥 기업이 인기를 얻는 것이다.

반면 내가 이벤트 투자에 적합하다고 판단하는 종목들은 주가가 그렇게 화려하게 움직이지는 않는다. 게다가 이런 종목은 닛케이 평균이나 TOPIX 같은 인덱스(지수)가 오르든 내리든 크게 영향을 받지 않는다. 인덱스가 급등해도 조금씩 꾸준히 오르는 정도이고, 인덱스가 크게 떨어져도 거의 움직이지 않거나 소폭 하락하는 수준에 그친다. 바로 이런 특성이 이벤트 투자에 가장 적합하다.

스타벅스 커피 재팬(2712)의 주가는 그 대표적인 예다. 과거 주가 흐름을 살펴보면 시장이 크게 흔들릴 때조차 거의 영향을 받지 않은 채, 묵묵히 상승을 이어가는 모습을 확인할 수 있다.

예금이나 적금과 비교하면 꽤 괜찮은 수익

하지만 앞서 말했듯, 전체 시장이 상승세라 해도 내가 이벤트 투자 대상으로 고르는 종목들이 그런 흐름과 무관하게 움직이는 경우가 많다. 그래서 시장이 뜨거울 때도 그 분위기를 따라가지 못하는 경우가 생긴다.

대체로 보면 가격 변동 폭도 크지 않다. 그래서 신흥 기업의 역동적인 주가 흐름을 보며 "주식의 재미는 이런 폭발적인 움직임이지!"라고 생각하는 사람에게는, 이벤트 투자 종목의 완만한 움직임이 재미없게 느껴질 수도 있다. 한 달에 10%, 20% 정도의 수익을 노리는 전략이니 예금·적금보다 훨씬 높은 수익이지만, 한 번 신흥 기업의 '대박 상승'을 맛본 사람에게는 그다지 매력적으로 보이지 않을 것이다.

그러나 이는 레버리지 효과를 간과한 판단이다. 신용거래를 활용해 레버리지를 걸면 언뜻 느려 보이는 이벤트 투자 종목이라도 신흥 기업 못지않은 큰 수익을 낼 수 있다. 변동성이 크지 않고 안정적으로 움직이기 때문에 오히려 더 안심하고 레버리지를 활용할 수 있다는 장점도 있다.

기한 안에 꽃을 완판한다

욕망이 매도 판단을 어렵게 만든다

꽃가게에서 어버이날 판매용으로 매입한 카네이션을 언제까지 팔아야 할까? 당연히 어버이날 당일까지다. 그날까지는 카네이션을 사려는 사람이 많기 때문에, 어느 정도 가격을 낮추는 등의 전략만 세우면 이익을 남기고 모두 판매할 수 있다. 하지만 다음 날이 되면 사려는 사람이 거의 없다. 상품 가치가 떨어져 울며 겨자 먹기로 헐값에 팔 수밖에 없다.

이벤트 투자도 마찬가지다. 여기서 다시 일반적인 투자 이야기로 돌아가 보자. 아마 대부분의 사람들은 주식에 투자할 때 '매수'부터 시작할 것이다. 신용거래를 이용해 매도부터 시작하고, 주가가 떨어졌을 때 환매해 차익을 얻는 방법도 있지만, 투자자 대부분은 매수로 진입한다. 여기서 한 가지 문제가 생긴다. 매수로 들어간 경우, 매도해야만 비로소 수익이 확정된다. 매도하지 않으면 수익을 올렸다고 할 수 없다. 모처럼 큰 수익을 냈더라도 보유하는 동안 주가가 떨어지면 이익은 줄어들고 자칫하면 손실로 돌아설 수 있다. 이것이 가장 큰 문제이며 개인 투자가들이 매도 시점을 판단하는 게 매우 어려운 이유다.

왜 어려울까?

인간에게는 욕망이 있기 때문이다.

1,000엔에 매수한 종목의 주가가 1,500엔이 되고 2,000엔이 되고 3,000엔까지 올랐다고 하자. 여기에서 "내가 가정했던 주가에 도달했어. 더 오를지 모르지만 이 정도면 충분해. 이제 매도하자"라고 생각할까? 그렇게 생각하는 사람이라면 주식 투자로 성공할 수 있다.

하지만 투자가들 대부분은 그렇게 생각하지 않는다. 3배가 된 주가가 조금만 더 기다리면 5배, 6배가 되어 훨씬 더 큰 수익을 올릴 거라고 생각한다. 그러나 그렇게 생각한 지점은 대부분 주가의 절정기이고 그때부터 단번에 하락해버리는 경우가 많다.

2013년, 아베노믹스가 화제를 모으는 와중에 닛케이 평균주가는 57%나 상승했다. 개별종목의 주가를 보면 그야말로 10배,

20배가 된 것도 많이 있다. 경호 온라인 엔터테인먼트(3765)는 저점에서 고점까지 주식분할을 포함해 계산하면 그야말로 87배나 상승했다. 이런 식으로 단기간에 주가가 급등한 종목 대부분은 주가가 정점을 찍은 후에 폭락 상태에 빠진다.

주가가 정점을 찍은 시점에 잘 매도하면 큰 수익을 올릴 수 있고, 하락하는 도중에 매도해도 수익은 좀 줄어들지언정 손해는 보지 않는다.

그러나 대다수 사람들이 더 오를 것이라는 기대를 버리지 않고 기다리다가 폭락 사태를 맞이해 오히려 더 큰 손해를 본다. 매도는 이렇게 어렵다.

매도 시기를 명확히 하면 수익을 낼 수 있다

이에 비해 이벤트 투자의 장점은 매도 시기가 명확하다는 것이다. 이벤트 일정을 처음부터 알고 있기 때문이다. 이벤트 때문에 주가가 오른다는 전제하에 투자하기 때문에, 이벤트 일정이 지나면 그 종목을 더 보유하고 있을 이유가 없다. 매도 시기가 명확하다는 것은 이런 의미다.

주주 우대 종목에 대한 투자를 예로 들어보자. 그리고 우선 다음의 세 가지 말을 기억해두자.

배당부일 : 이날 장 마감까지 주식을 매수하면 그 분기의 배당과 주주 우대를 받을 수 있다.

배당락일 : 배당부일의 다음 영업일이다. 주주가 받는 배당금과 주주 우대만큼 주식 가치가 줄어들기 때문에 주가는 하락하기 쉽다.

배당 기준일 : 배당부일로부터 3영업일째가 배당 기준일이며, 이날은 배당부일에 매매한 주식을 인도하는 날이다. 이날 주주 명부에 기재되면서 비로소 정식 주주가 된다. 일본 기업 상당수는 3월 말과 9월 말이 배당부일이다.

자, 그렇다면 주주 우대 종목의 상승 이익을 얻으려면 언제 매도하는 게 좋을까? 배당부일일까, 배당락일일까. 아니면 배당 기준일일까.

정답은 배당부일이다.

모든 상황에 적용되는 것은 아니지만 주주 우대 종목은 '배당부일' 즈음에 주가가 상승하는 경향이 있다. 그 기업의 주주 우대를 원하는 개인 투자가들이 매수에 나서기 때문이다. 그 결과, 시장의 환경이 크게 나빠지지 않은 한 주주 우대를 목적으로 삼는 개인 투자가들의 매수에 의해 주가는 상승한다.

그러나 배당부일의 다음 영업일에 해당하는 '배당락일'에는 주가가 오히려 하락한다. 주주 우대를 목적으로 삼는 개인 투자가들의 매수는 이미 사라지고 반대로 배당금 등에 의해 주식의 가치가 줄어들기 때문이다.

따라서 주주 우대 종목의 상승 이익을 목적으로 주식에 투자하는 경우에는 아무리 늦어도 배당부일까지는 매도해야 한다. 배당락일까지 보유하고 있으면 주가가 하락하여 상당한 손해를 볼 우려가 있다. 이것은 어버이날을 넘긴 카네이션과 같은 상황이다.

물론 주주 우대 혜택이나 배당금을 얻으려면 배당부일 장 마감까지 매수를 유지해야 하므로, 그 전에 주식을 매도할 경우 주주 우대나 배당금을 받을 수 없다. 그러나 이벤트 투자의 목적은 어디까지나 주가 상승에 따른 이익을 얻는 데 있기 때문에, 주주 우대나 배당에 신경 쓰지 말고 배당부일 장 마감 전까지 보유 종목을 매도해야 한다.

주주 우대라는 이벤트에서 수익을 얻으려면 배당부일 장 마감까지 매도해야 한다는 것, 즉 매도 타이밍이 명확하게 설정되어 있다는 점을 이해했을 것이다. 미실현 이익이든 미실현 손실이든, 매도해야 할 시점이 정해져 있다는 점이 이벤트 투자의 가장 큰 장점이다.

펀더멘털은 무시한다

종목을 선택하는 기준은 투자가에 따라 다양하지만 대체적으로 다음과 같은 두 가지 패턴으로 나뉜다.

펀더멘털(fundamental)과 테크니컬(technical)이다.

펀더멘털은 '기초적 요건'으로 해석할 수 있으며 기업의 실적에 착안해 종목을 고르는 방법이다. 구체적으로는 매출, 경상이익, 순이익, 현금흐름 등의 수치를 기준으로 전기 대비, 전년 대비 얼마나 증가했는지를 살펴보고 동시에 현금흐름이 원활한지 점검하는 방식이다.

현재 주가 수준이 높은지 낮은지는 PER(주가수익비율), PBR(주가순자산비율) 같은 주가 지표를 이용해 판단한다. 기업 실적이 아무리 좋아도 주가가 지나치게 높은 수준에서 거래되고 있다면 함부로 매수할 수 없다.

또 하나의 접근 방법은 테크니컬이다. 테크니컬은 주가의 움직임 자체에 주목해 종목을 선택하는 방식이다. 이는 기업 실적, 전망, 시장의 수급 균형, 뉴스 등 모든 재료가 이미 주가에 반영되어 있다는 전제에서 이루어지는 분석 기법이다.

구체적으로는 주가 차트의 형태를 보거나 MACD(Moving Average Convergence & Divergence)나 볼린저밴드(Bollinger Band) 같은 트렌드 계열의 테크니컬 지표를 활용해 시장의 흐름을 점검한다. 또한 RSI(Relative Strength Index)나 스토캐스틱(Stochastics) 등 오실레이터 계열 지표로 과도한 매수·매도 상태인지 판단한다.

테크니컬에는 펀더멘털 요소가 포함되지 않고 펀더멘털에도 테크니컬 요소는 포함되지 않는다. 기본적으로 서로 양립하기 어려운 접근법으로 여겨지며 투자자에 따라 테크니컬파인지 펀더멘털파인지 의견이 갈리기도 한다.

실적이 좋아도 주가는 하락한다

그렇다면 이벤트 투자는 어떨까. 사실 펀더멘털은 전혀 상관

없다는 것이 이벤트 투자의 장점이다. 나도 종목을 선택할 때 펀더멘털에 신경을 쓴 적이 거의 없다.

물론 긴 안목으로 보면 주가는 실적에 걸맞은 페어 밸류(Fair value. 적정 가치)에 안착하겠지만 단기적으로는 투자가의 감정(시장 심리)에 영향을 받아 움직인다.

리먼 사태처럼 큰 혼란이 발생하면 실적이 좋은 기업의 주가도 그 영향을 받아 크게 하락한다. 또 시장에 특별한 충격이 없어도, 2014년 2월의 라이브센스(6054)처럼 (결산 공고에서 수익 증가를 발표했음에도) 주가가 내려가는 경우가 있다. 아무리 펀더멘털이 좋아도 주가가 반드시 오른다는 보장은 없다.

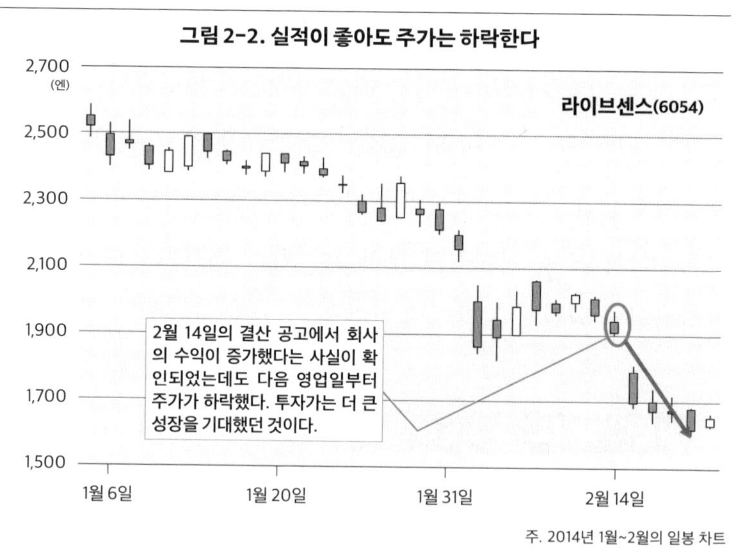

그림 2-2. 실적이 좋아도 주가는 하락한다

주. 2014년 1월~2월의 일봉 차트

실적이 나빠도 주가는 상승한다

그런 점에서 이벤트 투자에서는 특정 시점에 반드시 매수하려는 투자자들이 존재하기 때문에 주가가 크게 엇나가는 경우가 적다. '이 시점에는 매수를 해야 한다', '주가 수준과 관계없이 매수해야 한다'고 생각하는 투자자를 상대로 거래하기 때문에 펀더멘털과 관계없이 투자할 수 있다는 장점이 있다.

예를 들어 2014년 2월, 일본 맥도날드 HD(2702)의 주가는 실적 발표를 앞두고 급락했다가, 실제 발표에서 수익이 줄었는데도 불구하고 다시 원래 수준으로 되돌아갔다. 주주 우대 인기 종목은

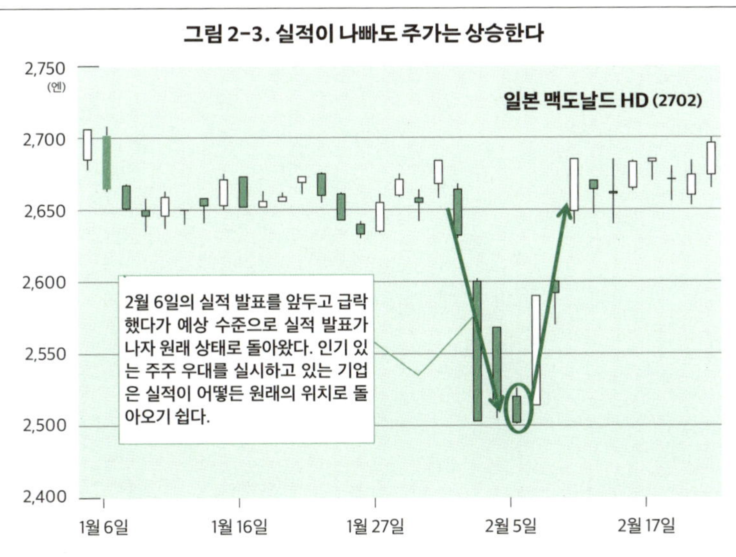

그림 2-3. 실적이 나빠도 주가는 상승한다

주. 2014년 1월~2월의 일봉 차트

실적과 관계없이 주가가 본래 수준으로 회복되기 쉽다는 점을 보여주는 좋은 사례다.

《회사사계보(会社四季報)》(일본에서 기업의 특성, 주목 포인트, 실적, 재무 상태, 주가 흐름 등을 정리한 책)를 보면, 펀더멘털 관점에서는 도저히 손을 댈 수 없는 종목들도 많다. 그러나 이벤트 투자에서는 그런 종목도 매수한다. 물론 회사가 도산하면 원금을 잃게 되므로 최소한 도산 위험이 없는지 정도는 확인하지만 실적 추이는 거의 보지 않는다.

테크니컬을 병용한다

단, 테크니컬은 본다. 구체적으로 설명하면, 나는 추세 매매를 기본으로 삼는 투자를 하기 때문에 트렌드 계열의 테크니컬 지표에 주목한다.

특히 자주 이용하는 것이 각 인터넷 증권사의 테크니컬차트에서 점검할 수 있는 '이동평균선'이다. 이동평균선은 5일, 25일, 75일 등 종가의 평균을 나타낸 것으로 우상향이라면 상승 트렌드, 우하향이라면 하강 트렌드라고 판단한다.

대표적인 것은 5일선과 25일선으로, 이것이 수평 상태에서 우상향으로 바뀐 지점이 투자 타이밍으로서는 절호의 기회다. 며칠 간의 단기 보유 목적이라면 5일선, 몇 개월의 중기 보유 목적이라

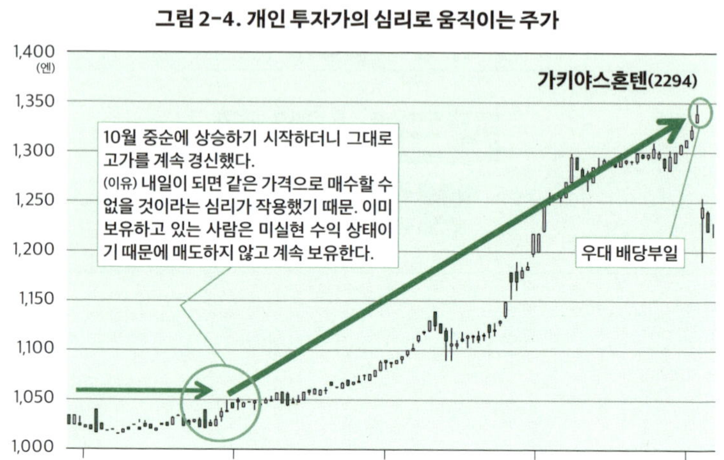

주. 주주 우대는 2월 말 기준으로 권리가 확정. 2012년 9월~2013년 2월의 일봉 차트

면 25일선을 살펴보는 것이 좋다.

그렇기 때문에 실제로 투자할 때는 먼저 이동평균선을 확인해야 한다. 캔들이 완만하게 우상향하며 상승하는 차트를 보이는 종목도 좋다. 그리고 이것은 심리적인 요인일지 모르지만, 개인 투자가들은 이유 없이 상승 중인 주가에 약한 면이 있다. 매일 계속 오르고 있으면 '내일은 이 가격으로는 못 살지도 모른다'는 생각이 들어 서둘러 매수하려는 심리가 작용하는 듯하다.

결과적으로 조바심이 난 투자자들이 몰려들면서 매수가 매수를 부르고, 그 흐름이 큰 트렌드를 만든다. 기관투자가보다 개인 투자가가 많이 모여 있는 종목에서 이런 움직임이 특히 뚜렷하다.

따라서 주주 우대 종목을 고른다면 상승 트렌드에 있는 종목을 고
르는 게 바람직하다.

하강 트렌드 종목은 즉시 매도한다

반대로 하강 트렌드인 종목은 설사 그것이 우대 종목으로 인
기가 높다고 해도 올라가기 힘들다. 디플레이션 경제일 때 "지금
매수하지 않아도 내일은 가격이 더 내려갈 테니까 기다리는 게 좋
아"라고 생각하기 쉬운 것과 비슷한 심리인지도 모른다.

결과적으로 투자가들은 관망세로 돌아서고 주가는 배당부일
에 가까워지고 있는데도 전혀 반응하지 않는다. 이런 종목은 우대
내용이 아무리 매력적이라고 해도 주가의 상승력이 없기 때문에
즉시 매도하는 게 낫다.

덧붙여, 신용 거래에서 매도 쪽으로 돌아서는 경우도 있다. 예
를 들어, 공모증자를 실시하겠다고 발표한 종목의 주가는 하강 트
렌드가 형성되기 쉽기 때문에 철저하게 매도 쪽으로 돌아선다. 일
반적으로 주가는 오를 때는 속도가 느리지만, 내릴 때는 단기간에
크게 떨어지기 때문에 매도로 전환하면 이익이 더 커지는 경향이
있다.

☐ 손실을 보는 사람은 자신이 원하는 주식만 생각한다.

☐ 이익을 보는 사람은 다른 사람들이 원하는 주식만 생각한다.

☐ 나의 주식을 사는 상대가 누구인지 알아야 한다.

☐ 개인 투자가들은 시장의 영향을 받는다.

☐ 기관투자가들은 규칙의 영향을 받는다.

☐ 실적이 좋다고 해서 주가가 오른다는 보장은 없다.

☐ 실적이 나쁘다고 해서 주가가 떨어진다는 보장도 없다.

3장

스타벅스 주식은 1월에 사라!: 주주 우대 투자 실천법

스타벅스 주식 투자로 11연승!

주주 우대 투자에서 대표적인 종목을 하나 꼽으라면 나는 스타벅스 커피 재팬(2712)을 꼽는다. 주주 우대라는 이벤트 투자에서 과거 11년 동안 데이터상으로 한 번도 손실을 본 적이 없는 종목이기 때문이다.

하지만 이것만으로는 어떤 조건 아래에서의 트레이드인지 알 수 없다. 구체적으로 말하면 1월 첫 영업일 시초가에 매수해서 그대로 보유했다가 3월 23일이 지난 첫 영업일 종가에 매도한다는 조건으로 트레이드 했더니, 2004년부터 2014년까지 11년 동안 단 한 번도 손실을 본 적이 없다는 결과가 나왔다.

덧붙여 2013년의 경우, 2013년 1월 4일의 시초가가 58,800엔

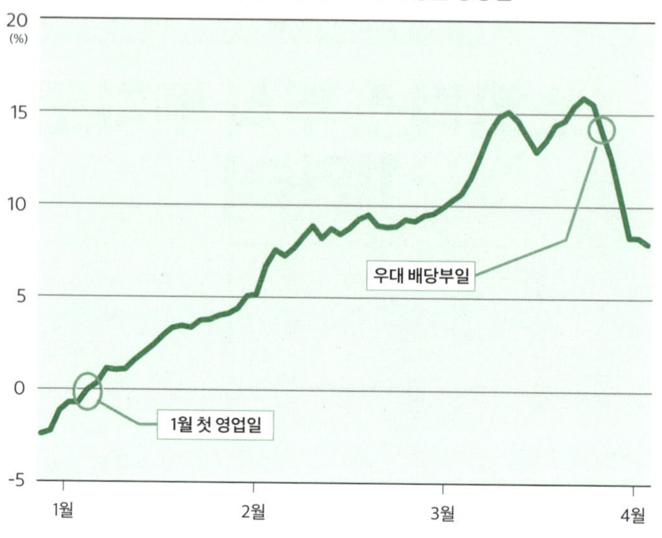

주. 2004~2013년의 1월 영업일을 기준으로 삼은 평균 상승률 추이

표 3-1. 스타벅스 주식으로 11연승

우대 배당부일	1월 첫 영업일의 시초가	3월 23일 이후, 첫 영업일의 종가	상승률
2004년	23,490엔	34,600엔	47.30%
2005년	27,530엔	33,050엔	20.05%
2006년	57,000엔	60,900엔	6.84%
2007년	57,100엔	59,000엔	3.33%
2008년	53,600엔	54,100엔	0.93%
2009년	38,200엔	40,200엔	5.24%
2010년	38,000엔	44,150엔	16.18%
2011년	44,000엔	47,900엔	8.86%
2012년	49,100엔	50,700엔	3.26%
2013년	58,800엔	85,800엔	45.92%
2014년	117,400엔	117,600엔	0.17%

주. 2013년 10월 주식분할(1주→100주)을 했기 때문에 2014년은 100주의 주가

이었고 3월 25일의 종가가 85,600엔이니까 그야말로 약 46%의 수익을 올렸다. 만약 신용 거래로 3배의 레버리지를 걸었다면 약 140%의 수익을 올렸을 것이다.

그다음 해는 어떨까. 2014년 1월 6일의 시초가는 117,400엔(2013년 10월에 1주 → 100주로 주식분할을 했기 때문에 100주의 주가), 그리고 3월 24일의 종가는 117,600엔이니까 이 해는 약 0.2%밖에 오르지 않았다. 하지만 분명히 손해는 보지 않았다.

다른 해도 살펴보자.

2012년 49,100엔(1월 4일) → 50,700엔(3월 26일)

2011년 44,000엔(1월 4일) → 47,800엔(3월 24일)

2010년 38,000엔(1월 4일) → 44,150엔(3월 24일)

2009년 38,200엔(1월 5일) → 40,200엔(3월 24일)

2008년 53,600엔(1월 4일) → 54,100엔(3월 24일)

2007년 57,100엔(1월 4일) → 59,000엔(3월 26일)

이렇게 보면 2013년의 상승률은 최대급이었기 때문에 그해는 예외적인 경우라고 하더라도, 다른 해들도 정도의 차이는 있으나 모두 상승했다는 사실을 확인할 수 있다. 또 3월에는 스타벅스 주식 외에도 주주 우대를 운영하는 인기 기업이 많다. 단위주(역주: 기업이 정한 기준 수량—예: 100주—을 최소 거래 단위로 설정하는 방식) 가격

종목명	지난 10년간 승패	1주당 주가	배당수익률 / 우대수익률
스타벅스 커피 재팬(2712)	**10승 0패**	111,400엔	0.89% / 0.99%
다카노(7885)	**10승 0패**	50,400엔	1.58% / —
모스푸드서비스(8153)	**10승 0패**	193,100엔	1.03% / 1.04%
아톰(7412)	**10승 0패**	50,800엔	0.39% / 7.87%
쇼분샤(9475)	**10승 0패**	61,500엔	3.25% / 4.87%
게이한전기철도(9045)	**10승 0패**	391,000엔	1.27% / —
리걸 코퍼레이션(7938)	**9승 1무**	345,000엔	1.44% / 1.45%
오쇼 푸드서비스(9936)	**9승 1패**	315,000엔	2.53% / 0.63%
마쓰야 푸드(9887)	**9승 1패**	169,000엔	1.45% / 4.24%
우메노하나(7604)	**9승 1패**	199,100엔	0.25% / —

주. 2004~2013년. 1주당 주가, 배당수익률, 우대수익률은 2013년 12월 기준

도 몇만 엔에서 40만 엔 정도이기 때문에, 주주 우대 권리를 노리는 개인 투자가들이 많이 들어온다.

즉, 주주 우대 투자에서는 1~3월이 승부를 내야 하는 시기다.

주주 우대 투자의
이상한 규칙

배당부일을 넘기면 주가가 급락한다

왜 이런 일이 일어날까? 주주 우대를 받으려면 배당부일만 통과하면 된다는 규칙이 있다. 하룻밤만 기다리면 다음 날 팔아도 주주 우대를 받을 수 있다. 이 부분이 주가의 왜곡을 만들어버린다. 때문에 '주주 우대의 이상한 규칙'이라고 불러야 할 것이다. 주주 우대뿐 아니라 배당도 같은 규칙이지만 말이다.

그렇다면 배당부일에 주주 우대 종목을 매수해 하루만 보유하고 매도할 경우, 주주 우대분과 배당분이 그대로 이익이 될까? 그렇지 않다. 배당부일을 지나 다음 영업일까지 주식을 보유하고 있으면, 그 직후 기다리고 있는 것은 주가 급락이기 때문이다.

그림 3-2. 주주 우대 최종일 이후에 급락하는 주가

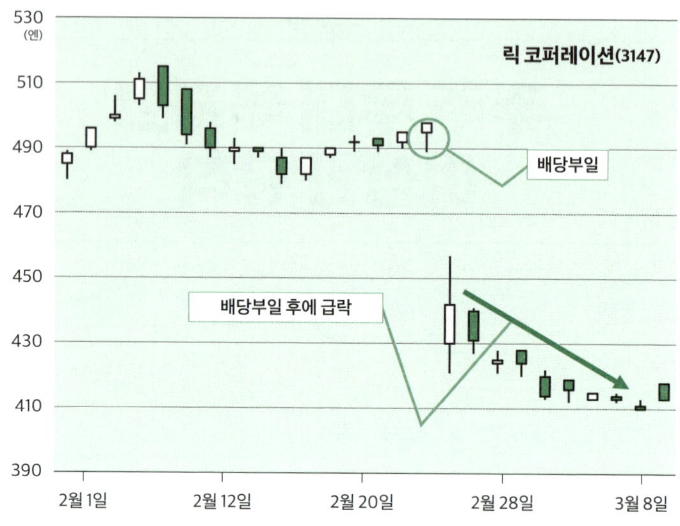

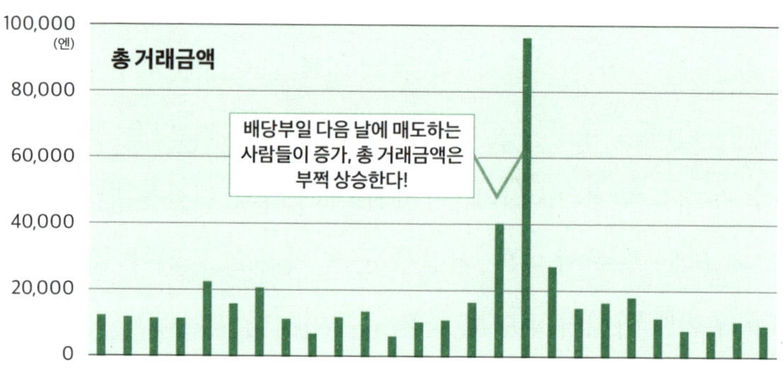

주. 2013년 2월~3월의 일봉 차트

왜 급락할까? 그 이유는 주주 우대분과 배당분이 그대로 주식 가치에서 차감되기 때문이다. 더구나 이론적인 분석처럼 주주 우대분과 배당분이 차감된 시점에서 주가 하락이 멈추면 좋겠지만,

실제로는 그 이상으로 하락한다는 게 문제다. 주주 우대를 받기 위해 매수를 한 투자가들이 다음 날이 되면 앞다투어 매도로 돌아서기 때문이다.

그 결과 배당부일의 다음 영업일에는 주가가 크게 하락한다. 따라서 주주 우대 종목에 투자할 경우에는 그 종목을 매수하기 전에 미리 사두어야 한다.

배당부일 2~3개월 전에 매수한다

미리 사둔다면 언제 매수해야 할까? 기본적으로는 주주 우대월 2~3개월 전부터다. 일반적인 주주 우대 종목의 가격 변동을 설명하면, 주주 우대월 2~3개월 전부터 서서히 주가가 상승하기 시작한다. 그리고 배당부일을 향해 점차 상승하다가 배당부일의 3~4영업일 전 정도에 주가는 절정을 찍는다.

스타벅스 커피 재팬의 가격 동향을 다시 한번 살펴보자. 2013년 3월 결산을 보면 배당부일은 3월 26일이고 이날의 종가는 84,300엔이었다. 그리고 주가가 두 번째 정점을 찍은 것이 3영업일 전인 3월 21일로, 이날 종가는 86,400엔이다. 이때 팔면 고가에서 수익을 확정 지을 수 있다. 그런데 배당락 이후에도 보유하고 있다면 어떻게 될까?

배당락이 발생하는 3월 27일의 종가는 83,400엔으로 전일 대

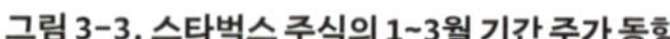

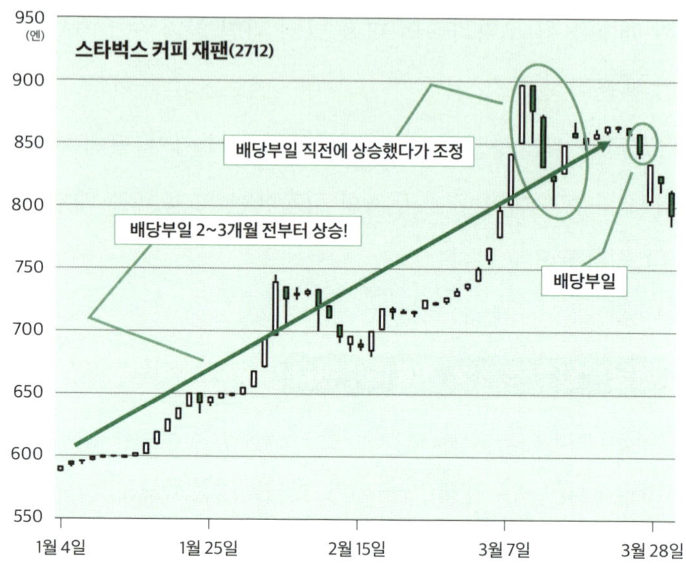

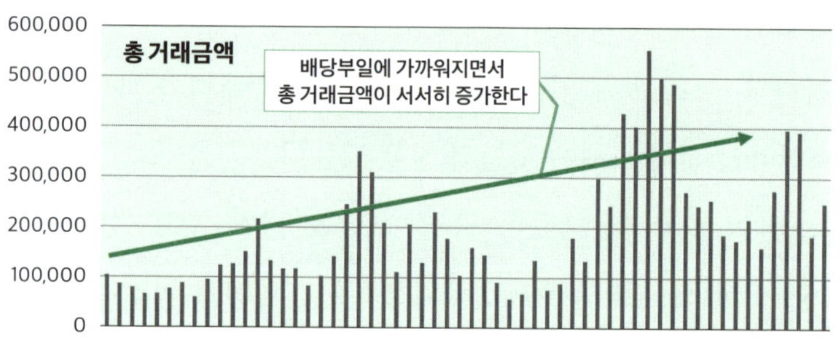

주. 2013년 1월~3월의 일봉 차트

비 900엔 하락이다. 그리고 그대로 보유하고 있을 경우, 주가는 더 하락해 4월 1일에는 73,300엔이 되었다. 그리고 3월 21일의 종가인 86,400엔을 뚫은 것이 2013년 7월 2일로, 이날 종가는 87,200엔이었다. 고가를 뚫는 데 약 3개월이 걸렸다는 계산이 나온다.

물론 3개월 정도는 별것 아니라 생각한다면 그대로 계속 보유하는 방법도 있다. 하지만 원금을 회복하는 데 3개월이 걸린다면, 그동안 자금은 묶여 있게 된다. 그사이에 다른 투자 기회가 와도 주식으로 보유하고 있으니 자금을 활용할 수 없고, 시장 상황에 따라서는 매수가로 회복되기까지 훨씬 더 긴 시간이 걸릴 우려도 있다.

한편 결산월 2~3개월 전에 매수하는 것이 좋다고 설명했는데, 더 이른 시점에 매수하면 어떻게 될까? 이른 시기에 매수하면 주가가 낮을 때 살 수 있을 가능성이 높지 않을까? 하지만 이 방법도 추천하기 어렵다. 예를 들어 반년 전에 매수했다면 반년 동안 위험을 감수해야 하기 때문이다. 그사이 시장이 혼란에 빠져 주가가 급락하면 그 위험을 감당하며 견뎌야 한다. 따라서 기간 리스크를 최소화한다는 점을 고려하면 주가가 상승하기 시작하는 아슬아슬한 타이밍, 즉 결산월의 2~3개월 전에 매수하는 것이 더 낫다.

매도 타이밍을 어떻게 잡아야 할까

주주 우대를 받지 않고 매도하는 경우, 어느 타이밍에 이익을 확정시킬 것인지 판단해야 한다. 주주 우대 종목의 주가는 배당부일의 3영업일 전에 매도하는 것이 기본이지만 배당월로 들어가 중반을 지난 시점부터 주가가 급등하는 경우가 가끔 있다. 이런 경우에는 급등하는 시점에서 즉시 매도하여 이익을 확정지어도 좋다.

한편, 배당부일까지 상승이 지속될 것 같은 경우는 가능하면 앞당기지만 이 경우에도 상승 방식에 두 가지 패턴이 있다.

하나는 계단식으로 곧장 상승하는 패턴이다. 이 경우에는 가능하면 앞당겨 매도한다. 한편, 배당부일 직전에 크게 상승하는 패턴인 경우에는 급등 이후에 약간 떨어진 시점에 즉시 매도한다. 급등 후 캔들의 음봉이 나오기 시작할 때가 매도해야 할 타이밍이라고 생각하면 된다.

어쨌든 원칙은 배당부일의 3영업일 정도 전에 매도한다는 것이다. 계단식으로 주가가 상승하는 경우, 예외적으로 배당부일까지 상승 트렌드를 유지하기도 하지만 그것은 드문 경우이기 때문에 역시 3영업일 전까지 매듭을 짓는 게 좋다.

주식시장의 가격 변동에 연동하지 않는 종목을 노린다

모든 주주 우대 종목이 배당부일을 앞두고 주가가 오르는 것은 아니다. 시장 환경이 나빠 전체적으로 주가가 하락하는 상황에서는 시장 흐름의 영향을 받아 주가가 오르기 어렵고 오히려 떨어지기도 한다.

또는 배당부일까지 2~3개월, 즉 주주 우대 종목을 매수할 타이밍이 다가오고 있음에도 주가가 계속 하락하는 종목이라면, 투자해야 할지 말아야 할지 신중히 지켜볼 필요가 있다.

물론 그 시점에서 반전해 상승 추세가 시작될 가능성도 있지만, 이 타이밍까지 주가가 하락 흐름을 보이는 종목은 이후 상승력도 약해 만족스러운 수익을 내기 어렵다고 봐야 한다. 이처럼

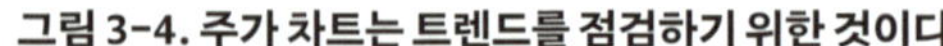

그림 3-4. 주가 차트는 트렌드를 점검하기 위한 것이다

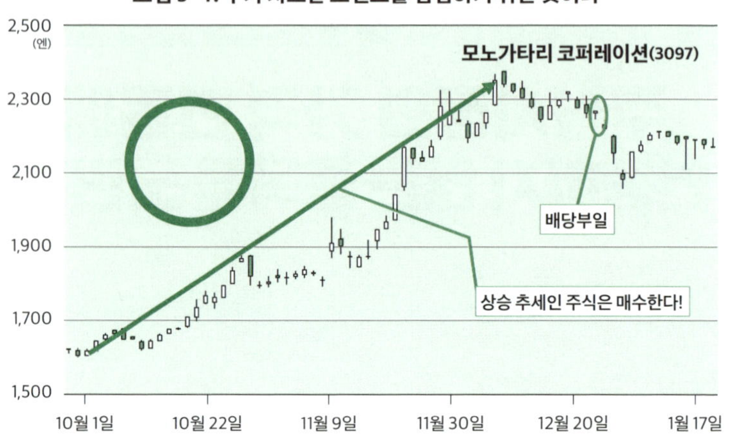

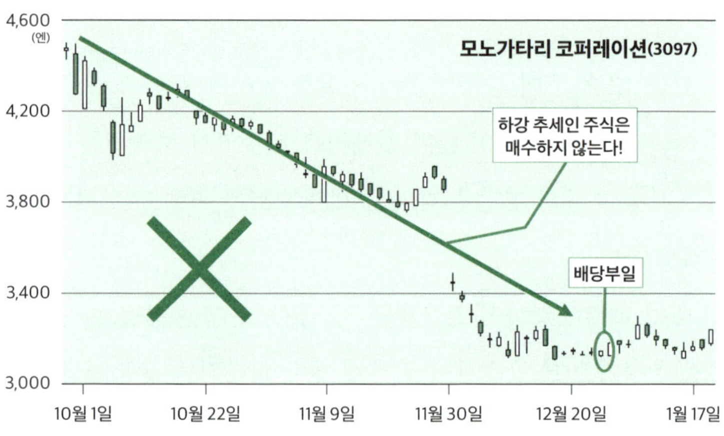

주주 우대 내용이 아무리 매력적이라 해도 이런 종목은 신중하게 접근해야 한다.

단, 시장이 강세일 때는 주주 우대 종목의 주가가 움직이는 시점이 조금 앞당겨진다. 이런 경우에는 2~3개월 전이 아니라 3~4개월 전부터 매수에 들어가는 것이 좋다.

반대로 앞에서 설명했듯 시장 분위기가 식어 있을 때는, 배당부일까지 한 달 정도 남았을 무렵이 되어서야 주가가 움직이기 시작하는 경우도 있다.

어쨌든 시장 환경에 따라 달라지기 때문에, 실제로 주주 우대 종목에 투자할 때는 그 시점의 시장 상황에도 주의를 기울여야 한다. 어떤 종목을 살지 간단히 점검하는 방법은 주가 차트의 추세를 보는 것이다. 상승 추세일 때는 매수하고, 하락 추세일 때는 매수하지 않는다는 기준을 세워두면 된다.

주주 우대 때만 오르는 종목을 노린다

하지만 정말 좋은 종목은 시장 환경에 흔들리지 않는 종목이다. 시벨(CYBELE, 2228)이 대표적인 예다. 이 종목은 1년 내내 매우 완만한 주가 흐름을 보이지만, 반기에 단 한 번 상승한다. 이는 주주 우대를 받으려는 투자자들의 매수로 주가가 오르는 전형적인 사례다.

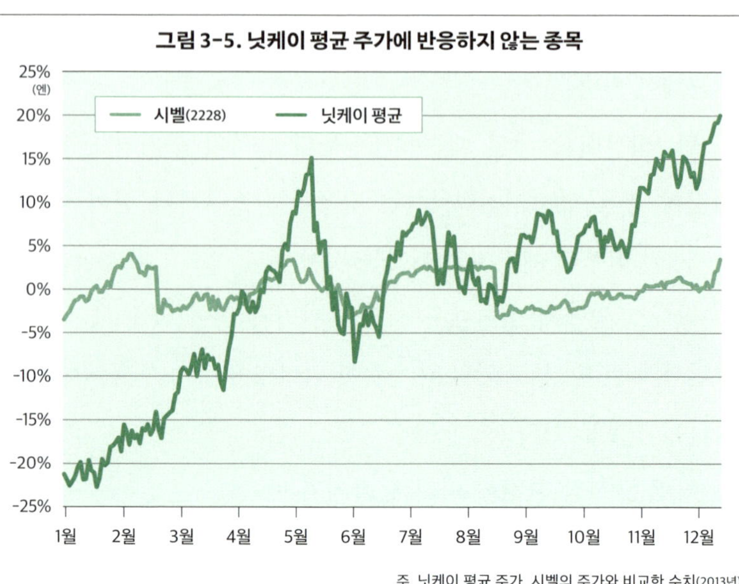

주. 닛케이 평균 주가. 시벨의 주가와 비교한 수치(2013년)

이처럼 주주 우대 시점에만 주가가 오르는 종목은 기본적으로 시장 환경에 크게 좌우되지 않기 때문에 거래량에 따라 차이는 있지만 시세 차익을 노리고 어느 정도 자금을 투자할 수 있다.

반면 소프트뱅크(9984)나 JT(2914)처럼 외국인 투자자 보유 비율이 높은 종목은, 시장 환경에 따라 매매를 반복하는 외국인 투자자의 움직임에 크게 영향을 받는다. 그래서 주주 우대 내용이 아무리 매력적이라 해도 이런 종목은 주주 우대를 노린 매수를 피하는 편이 무난하다.

주주 우대로 시세 차익을 노릴 때 이상적인 종목은 환율에 영향을 받지 않고 내수 중심이며 매출 변동이 크지 않은 기업이다. 예를 들어 화장품 회사나 외식 체인점은 매출 추이를 보아도 극단적으로 오르내리지 않기 때문에 주주 우대 종목을 노리는 투자 전략에 특히 잘 맞는다.

가격이 오르기 쉬운 우대 종목을 찾는 방법

여성, 어린이, 덕후가 키워드

주주 우대 서비스를 실시하고 있는 회사는 많지만 그 회사들의 주가가 모두 일률적으로 상승하는 것은 아니다. 매년 오름세를 보이는 종목도 있으나 좀처럼 상승하지 않는 종목도 있다. 주주 우대 종목에 투자한다면 조금씩 꾸준히 오르면서도 큰 상승을 하는 종목을 골라야 한다.

그렇다면 어떤 종목을 선택하는 것이 좋을지, 주목받는 주주 우대 종목의 특징을 살펴보자.

주가가 오르기 쉬운 주주 우대 종목의 키워드는 '여성', '아이', '덕후'다. 사람들이 좋아할 만한 주주 우대 상품을 제공하는 기업의 주식은 투자자들이 매수하기도 쉽고 주가도 오르기 쉽다. 특히

구분	기업명	우대 내용	최소 투자금액
음식 계통	스타벅스 커피 재팬(2712)	드링크 쿠폰 2장	111,400엔(100주)
	오오토야 HD(2705)	우대권(525엔×4장) 또는 쌀 2kg	123,600엔(100주)
	모스푸드서비스(8153)	우대권(1,000엔 분)×연 2회	207,800엔(100주)
식품 계통	시벨(2228)	자사 제품(3,000엔 상당)×연 2회	292,000엔(100주)
	레시프 HD(7213)	기후현 특산 감	172,800엔(200주)
	이서포트링크(2493)	아오모리현산 100% 사과 주스(5월), 아오모리현산 사과(11월)	247,040엔(100주)
미용 계통	허벌연구소(4925)	우대권(9,000엔)×연 2회	327,500엔(100주)
	하우스 오브 로제(7506)	자사 제품(바디케어 제품)	137,600엔(100주)
	코타(4923)	자사 제품(2,500엔 상당)	104,000엔(100주)

주. 최저 투자금액은 2014년 3월 말 주가를 바탕으로 계산

여성들이 선호할 만한 주주 우대로는 음식이나 화장품, 음식점이나 주점 이용권, 레저 관련 상품 등을 들 수 있다.

다만 이런 우대 상품에도 인기의 '서열'이 있어 주주 우대를 제공한다고 해서 무조건 주가가 오르는 것은 아니다. 우대 내용을 자세히 들여다보면 '우아함'이나 '사치스러움'을 느낄 수 있는 경우에 주가가 더 크게 오르는 경향이 있다.

그렇다면 쌀은 어떨까? 아무리 5킬로그램 정도의 작은 포장이라도 어느 날 갑자기 집으로 배송된다면 주부들은 분명 좋아할 것이다.

표 3-4. 여성에게 인기 없는 우대품목

구분	기업명	우대 내용	최소 투자금액
인터넷 계통	웨더뉴스(4825)	기상정보 사이트 '웨더뉴스' 이용권	275,000엔(100주)
	쓰리프로그룹 (2375. 현 기그웍스)	P티켓(5,000엔), 레스큐미! 반년 이용권×연 2회	76,200엔(300주)
	이북 이니셔티브 재팬 (3658)	eBook 도서권(1,050엔)	144,800엔(100주)
문구 계통	킹짐(7962)	자사 제품(2,500엔 상당)	71,500엔(100주)
	고쿠요(7984)	자사 제품(3,000엔 상당)	377,500엔(500주)
	니치반(4218)	자사 제품(3,000엔 상당)	347,000엔(1,000주)

주. 최소 투자금액은 2014년 3월 말 시점의 주가를 기준으로 계산

하지만 주가로 보면 별 장점이 없다. 아마 쌀을 주주 우대 상품으로 취급하는 기업이 너무 많기 때문일 것이다. 만약 쌀을 주주 우대 상품으로 취급하는 기업이 적고 맛이 뛰어나다면 그 기업에는 매수 주문이 모이겠지만 쌀은 투자 대상이 분산되는 만큼 매수층이 얇을 수밖에 없다.

그 결과, 쌀은 주부가 좋아하더라도 주가를 크게 끌어올리는 요인이 되기는 어렵다. 따라서 쌀보다는 과일이 낫다. 한때 해산물도 인기를 끌었지만 쌀과 마찬가지로 해산물을 주주 우대 상품으로 취급하는 기업이 증가하면서 지금은 인기가 별로 없다.

참고로 과일로 유명한 것은, 다이코쿠텐붓산(2791)으로 보유 주식 수에 따라 주주 우대 상품으로 산지 직송 과일이 제공된다.

이 회사의 배당 기준일은 5월 말이다.

100주 이상＝2만 원 상당의 과일
500주 이상＝3만 원 상당의 과일
1,000주 이상＝5만 원 상당의 과일
1만 주 이상＝10만 원 상당의 과일

또 이서포트 링크(2493)는 5월 말과 11월 말이 배당 기준일이며 1년 동안 주식을 계속 보유하고 있으면 연 2회 다음과 같은 우대 상품이 제공된다.

5월 말 주주
100주 이상＝아오모리현 산 100% 사과주스(1리터×3개)
200주 이상＝아오모리현 산 100% 사과주스(1리터×6개)
500주 이상＝아오모리현 산 100% 사과주스(1리터×12개)

11월 말 주주
100주 이상＝아오모리현 산 사과(1.8kg)
200주 이상＝아오모리현 산 사과(3kg)
500주 이상＝아오모리현 산 사과(5kg)

단, 이런 우대 상품이 자꾸 날아오면 곤란한 점도 있다. 보관할 장소가 마땅치 않다는 것이다. 가족이 적으면 소비하기도 어렵다. 과일 등은 오랫동안 보관할 수 없기 때문에 쌓일 경우 처치 곤란이 되기도 한다.

그런 점에서 볼 때 유통 기한에 신경을 쓰지 않아도 되는 것이 우대권이나 쿠오 카드(QUO card. 일본 전국 6만여 점포에서 현금처럼 사용 가능한 기프트 카드) 같은 종류다.

연간 40만 원 상당의 우대 포인트

우대권으로 인기가 있는 것은 코로와이드(7616)나 침니(3178) 등 주점 체인점을 운영하는 기업들이다. 코로와이드의 경우 500주 이상은 일률적으로 1회당 10만 원 상당의 우대 포인트가 부여된다. 3월 말일 주주는 6월과 9월에, 9월 말일 주주는 12월과 3월에 받으니 1년 동안 보유하면 연 4회 포인트가 부여되며 총금액은 40만 원이나 된다.

덧붙여, 주가는 2014년 3월 말 기준 약 1,050엔이니 주주 우대를 받기 위해 필요한 금액은 약 530만 원이다. 그러나 연 40만 원의 주주 우대 혜택이 있으니 우대만으로 보아도 7% 이상의 이율을 얻을 수 있다. 이러한 이유로 주주 우대 종목 중에서도 매우 높은 인기를 얻고 있다.

마찬가지로 아톰(7412)도 주주 우대 종목 중에서 인기가 있는 종목이다. 이 회사는 코로와이드 계열이어서 주주 우대 내용도 코로와이드와 같은 우대 포인트인데, 일률적이지 않고 보유 주식 수에 따라 포인트가 달라진다.

100주 이상＝2만 원 분
500주 이상＝10만 원 분
1,000주 이상＝20만 원 분

덧붙여, 코로와이드 그룹(일부 점포 제외)에서 이용할 수 있을 뿐 아니라 우대 포인트로 교환할 수도 있고 각종 선물 상품으로도 교환할 수 있다. 코로와이드 주주 우대 혜택으로 받을 수 있는 포인트 카드는 우대 중에서 최상급 부류에 속한다. 내용이 매우 충실하기 때문이다.

우대권 대부분은 할인권과 병용할 수 없거나 주말과 공휴일에는 사용할 수 없거나 거스름돈이 제공되지 않는 식으로 여러 가지 제약이 있지만 코로와이드 우대권은 그런 제약이 없다. 거스름돈을 제공하지는 않지만 포인트 카드이기 때문에 10원 단위까지 확실하게 사용할 수 있다. 그게 연간 40만 원 분이나 제공되는 것이다.

내 경우, 코로와이드와 함께 그 산하 기업인 아톰에도 투자하는데 양쪽을 합해 연간 80만 원 분, 아내의 몫과 합하면 160만 원

분의 포인트를 받는다. 이것을 항상 지갑에 넣어두면 식사할 때 곤란한 일이 발생하지 않는다. 게다가 다 사용할 수 없을 때는 고급 요리나 쇠고기, 게 등으로 바꿀 수 있으니 여러모로 편리하다.

덕후에게는 오리지널 상품이 인기

한편, 주주 우대 혜택으로 개인에게 인기가 높은 것으로는 이런 음식 계통이나 우대권 외에도 마니아 계통이나 덕후 계통의 것도 있다. 도에이 애니메이션(4816)과 다카라토미(7867)가 대표적이다.

도에이 애니메이션의 경우, 주주 우대 한정 '캐릭터 QUO 카드'가 높은 인기를 얻고 있다. 4장 1세트로 보유 주식이 100주 이상이면 1세트, 500주 이상이면 2세트, 1,000주 이상이면 3세트, 5,000주 이상이면 5세트, 1만 주 이상이면 10세트를 준다.

쿠오 카드에 인쇄되어 있는 캐릭터는 '두근두근! 프리큐어', '캡틴 하록', '늑대소년 켄', '극장판 토리코 미식신의 스페셜 메뉴' 등 4점이다. 참고로 이것은 2013년 3월 실적으로 매년 변경된다.

그리고 다카라토미는 2013년 3월 실적으로 보유 주식이 100주 이상이면 도미카(자동차 완구), 구마몬 오리지널 피규어(구마모토 지역 캐릭터), 1,000주 이상이면 도미카, 구마몬 오리지널 피규어, 리카 짱(인형공주 리카)을 제공한다.

또한 쿠오 카드의 장점은 사용 기한이 없다는 것이다. 우대권은 기한이 정해져 있는 경우가 많아 모두 사용하지 못하기도 하지만 쿠오 카드는 기한이 없어서 현금 대신 사용할 수 있어 주주 입장에서는 매우 편리하다.

이런 주주 우대 종목에는 손대지 않는다

주주 우대 종목 중에는 차트가 상승 중이라 해도 신중해야 할 종목들이 있다. 예를 들어, 주가가 상승한 지점에서 '시간 외 분할 매매'나 공모증자를 발표하는 기업 등이 그 전형적인 예다. 경영자가 보유하고 있는 주식을 현금으로 바꾸기 위해 일부러 주주 우대를 매력적으로 만들어 주가가 상승한 지점에 매도를 하는 기업들이다.

또는 대주주가 보유 주식을 매각하면서 타격을 받는 경우도 있다. 모처럼 주가가 오르고 있는데, 대주주가 현금화하려고 들고 있던 주식을 마구 팔아버릴 때다. 이럴 때는 개인 투자가의 매수만으로는 버티기 어려워 결국 주가는 급락한다.

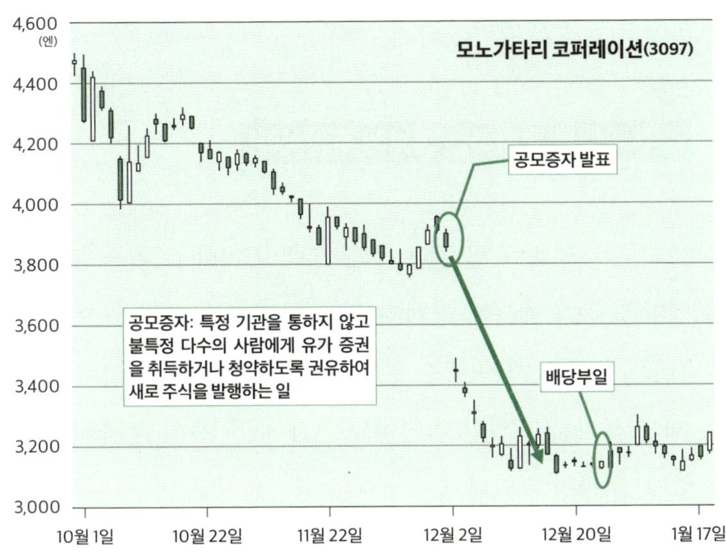

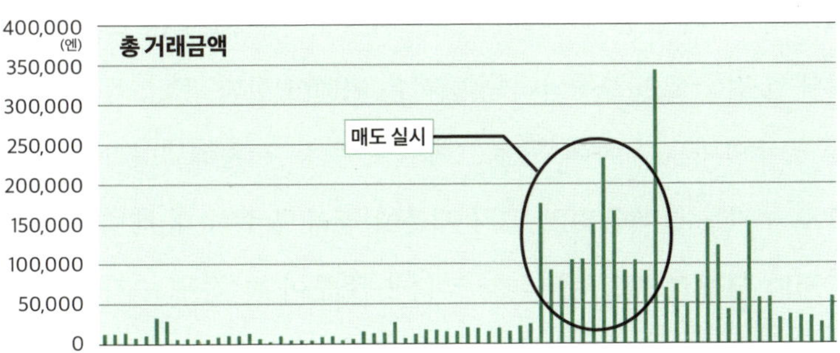

주. 2012년 10월~2013년 1월의 일봉 차트

따라서 과거 차트에서 우대권리일 직전에 시간 외 분할 매매
나 공모증자, 또는 대주주의 매도로 인해 주가가 떨어진 적이 여

러 번 있지는 않은지 미리 점검해보는 게 좋다. 많지는 않지만 상습범 같은 종목이 있다.

주주 우대를 중지하는 정보에 주의하라!

그리고 주의해야 할 것은 주주 우대 중지다. 이것은 주가에도 큰 영향을 주기 때문에 경계해야 한다. 실제로 리먼 쇼크로 경영 환경이 급변했을 때는 주주 우대 혜택을 중단하는 기업이 속출했다. 나도 투자하고 있던 기업이 도산해 주주 우대 혜택을 사용할 수 없게 된 경험이 있다.

단, 이것은 갑자기 발표되기 때문에 미리 피하기는 어렵다. 만일 주주 우대가 중단되었다고 해도 큰 손해를 보지 않도록 한 종목에만 집중적으로 투자하는 방식은 피해야 한다.

코로와이드나 아톰 등은 그야말로 주주 우대 혜택이라는 매력으로 주가를 끌어올리고 있기 때문에 만약 주주 우대 혜택을 중단하거나 현실적으로 퀄리티가 낮다는 소문이 돌 경우 주가가 반값 정도까지 떨어질 수 있다는 각오를 해야 한다.

참고로 코로와이드는 리먼 쇼크 때도 주주 우대 혜택을 유지한 존경할 만한 기업이다. 주주 우대 혜택을 멈추거나 퀄리티가 떨어지는 순간 자사의 주가가 단번에 떨어질 수 있다는 사실을 경영자 자신도 잘 알고 있을 것이다.

주가에서 손해를 보아도 주주 우대를 선택하는 이유

나는 기본적으로 주주 우대 혜택을 크게 바라지 않고 시세 차익을 통한 수익을 중시하지만 상황에 따라 다르기도 하다. 그중에는 어쩔 수 없이 우대 혜택 종목을 선택하는 경우도 있다. 부부의 원만한 관계를 위해서 필요한 일이기 때문이다.

주주 우대 종목 투자는 남녀에 따라 목적이 다르다.

여성의 경우 직접 사용하기 위해 주주 우대에 관심을 가지는 경우가 많다. 화장품을 예로 들면 닥터시라보(4924), 코타(4923), 판클(4921) 같은 자연주의 화장품, 식음료라면 가고메(2811), 스타벅스(2712), 시벨(2228) 등 자사 상품을 무료로 받을 수 있다는 점이 마음에 드는 모양이다.

그에 비하여 남성은 주주 우대 혜택을 받아 아내나 연인을 기쁘게 해주거나 주식 투자에 대한 이해를 높이는 데 이용하는 듯하다. 주주 우대로 받은 한정품을 선물하거나 평소에는 선뜻 들어서기 어려운 고급 음식점에서 함께 화려한 식사를 하는 것이다. 나도 아내에게 주식 투자를 이해시키기 위해 이런 방법을 사용하고 있다.

이러한 이유로 주주 우대 종목을 선택하는 경우에는 주가로 손해 볼 것을 각오하고 결정하는 것이 좋다. 본인만 생각하면 손을 대지 않을 종목이라도 가족을 위해서라면 어쩔 수 없다.

단, 앞에서 설명했듯 주주 우대 종목에 투자할 때 여성의 의견이 매우 효과적인 경우도 많다. 따라서 어떤 우대를 받으면 좋을지 여성에게 질문해보고 나름대로 선택한 종목 중에서 주주 우대를 받는 종목을 1~2개 정도로 한 뒤, 나머지는 주가 차익을 실현하는 쪽으로 투자하는 게 바람직하다.

대형 증권사의 IR 자료 등에서 매우 훌륭한 '주주 우대 가이드'를 제공하고 있으니 아내나 연인에게 이것을 건네주고 관심 있는 주주 우대 혜택이 무엇인지 물어보면 된다.

그리고 직접 주가 움직임 등을 점검해 투자 여부를 결정해야 한다. 물론 아내가 요청한 종목을 매수 목록에 추가하는 것도 잊지 말아야 한다.

표 3-5. 보유해도 이득인 종목

구분	기업명	혜택 내용	최소 투자금액
가족 대상	오리엔탈랜드(4661)	1일 이용권(1장)×연 2회	1,570,000엔(100주)
	교리쓰멘테넌스(9616)	우대권(3,000엔), 리조트 호텔 우대권(2장) × 연 2회	348,000엔(100주)
	일본 맥도날드 HD(2702)	무료 교환권(버거류, 사이드 메뉴, 음료) × 연 2회	277,700엔(100주)
주주 총회	허벌연구소(4925)	총회 기념품, 현장 판매, 가벼운 식사와 만다 히사코(萬田久子·영화배우) 토크 세션, 동반자 가능	325,000엔(100주)
	산리오(8136)	총회 기념품, 산리오 뷰로랜드 무료 입장	348,000엔(100주)
	판클(4921)	총회 기념품, 무료 상담(회원 한정), 즉매회, 다과	122,600엔(100주)
기타	코로와이드(7616)	외식 포인트(1만엔 상당) × 연 4회	525,500엔(500주)
	아톰(7412)	자사 및 코로와이드 그룹 이용 포인트(2,000엔 분) × 연 2회	51.700엔(100주)
	히라마쓰(2764)	주주 와인 페어 참가(합리적 가격, 추천 와인 무제한 시음)	67,200엔(100주)
	ANA HD(9202)	절반 가격으로 티켓 구입. 조조할인이 싼 경우도 많지만 긴급할 때나 지방항공을 이용할 때 특히 유용	223,000엔(1,000주)

주. 최저 투자금액은 2014년 3월 말의 주가를 바탕으로 계산

주주 총회에
참가해본다

주주 총회에는 기념품이 나오는 곳도 있다

주주로서의 권리는 주주 우대나 배당을 받을 수 있다는 점 외에도, 주주 총회에 참석할 수 있다는 점을 들 수 있다. 주주 우대를 목적으로 투자하는 개인 투자가 대부분은 그 회사의 실적이나 미래 전망에는 크게 관심이 없을 가능성이 높다. 그보다는 주주 우대를 계속 유지해주기를 바라는 사람이 더 많을 것이다. 사실 그 회사의 기본적인 업무 내용 정도만 알고, 그 이상의 세부 내용은 잘 모르는 투자가도 적지 않다. 나 역시 그런 사람이다.

그렇다면 주주 우대를 목적으로 하는 개인 투자가들은 왜 주주총회에 참석하는 것일까. 사실 이유는 '선물' 때문이다. 주주 총회 참석자에게 주주 우대 수준의 선물을 제공하는 회사도 있고,

총회가 끝난 뒤 식사를 제공하거나 친목회를 여는 회사도 있다. 이것은 회사 측에서 "주주 총회에 참석해주셔서 감사합니다"라는 의미로 주주에게 전하는 일종의 감사 표시다.

하지만 회사 입장에서는 주주 총회 선물이나 식사가 포함된 친목회를 지나치게 홍보하면 소액주주가 몰려들어 감당하기 어려워지기 때문에 가능한 한 공개하지 않으려 한다.

미리 정보를 수집한다

나는 오전 10시부터 정오 사이에 최대 5개 회사를 돈다. 중소기업들은 총회가 금방 끝나기 때문에 가능하면 작은 기업을 우선하면서 그 사이에 대기업 주주 총회를 끼워 넣는 패턴으로 참가한다.

단, 내가 참가했을 때의 인상으로 말하면 교통비 때문에 오히려 손해를 보는 경우도 있었다. 주주 우대에 관해 글을 쓰는 개인 투자가의 블로그에서 정보를 수집하거나, 회사의 IR 담당자에게 직접 전화를 거는 등, 미리 선물이나 친목회의 내용을 확인하고 별 이익이 없다면 참가하지 않는 게 나을지도 모른다.

돈이 생기면
주주 우대 투자로 은퇴를?

실질 이율이 10%를 넘는 종목도 있다

현재 일본에서는 1천 개가 넘는 기업이 주주 우대를 도입하고 있다. 이 정도로 주주 우대를 시행하는 기업이 많으면 자산이 어느 정도 형성된 사람은 일을 하지 않아도 주주 우대만으로 생활할 수 있지 않을까 하는 생각이 들기도 한다. 실제로 배당과 주주 우대를 합친 실질 이율이 10%를 넘는 종목도 있다. 아베노믹스 이전의 주가 침체기에는 특히 많았다.

만약 자산이 10억 원 있다면 배당금과 주주 우대만으로 매년 1억 원의 수익을 올릴 수 있다는 계산이 나온다. 나 역시 자산이 어느 정도 마련되면 주주 우대 종목을 무작정 사 모아 그 수익에 의존해 은퇴할지도 모른다. 물론 기업이 주주 우대를 계속 유지

한다는 보장은 없지만, 주주 우대가 기업에 도움이 되는 측면도 많다.

주가를 높은 수준으로 유지할 수 있다면, 기업은 시장에서 자금을 조달하기 쉬워지고 기업 간 합병에서도 우위를 확보할 수 있다. 또한 개인 투자가를 확보함으로써 상장 기준을 충족하는 동시에 매수 방어책의 하나로 고정주주를 늘리는 효과도 있다.

특히 최근에는 기업 간 주식 소유 구조가 사라지면서 개인 투자가를 어떻게 주주로 정착시키느냐를 두고 고민하는 기업들이 많다. 그런 의미에서 주주 우대 제도는 앞으로도 계속 유지될 가능성이 높다. 따라서 주주 우대 종목을 노리는 투자는 당분간 유효할 것이라고 생각한다.

✓ 3장의 포인트: 주주 우대 투자 전략

☐ 주주 우대 권리 종목을 선택하면 확실히 손해를 본다.

☐ 배당부일 2~3개월 전에 산다.

☐ 배당부일 전에 판다.

☐ 주가 차트로 추세를 점검한다.

☐ 주식시장의 움직임에 반응하지 않는 주식을 노린다.

☐ 여성, 어린이, 덕후가 좋아하는 우대품을 제공하는 주식을 노린다.

☐ 가족 대책으로서 주주 우대 종목을 선택한다.

☐ 대주주의 움직임에 주의한다.

☐ 주주 우대 중지 정보에 주의한다.

4장

주식을 시작하기 전에 알아야 할 점: 수익의 힌트를 포착하라

주가는 3개월마다 특정한 패턴을 나타낸다

먼저 그림을 보자. 이것은 전년 최종매매일의 닛케이 평균 종가를 100%로서 지수화한 과거 10년간(2004~2014) 평균치다. 연중 주가가 어떻게 움직이고 있는지 대략적으로 파악하기 위한 것으로 대부분의 해가 이에 가까운 가격 변동을 보인다.

이렇게 그래프로 만들면 이해하기 쉬운데 아마 오랜 세월 경험이 있는 개인 투자가라면 피부 감각으로 이런 움직임을 이미 이해하고 있을 것이다.

여기에서는 4분기 기준으로 그래프를 만들었으니 그에 따른 주가 패턴을 설명해보겠다.

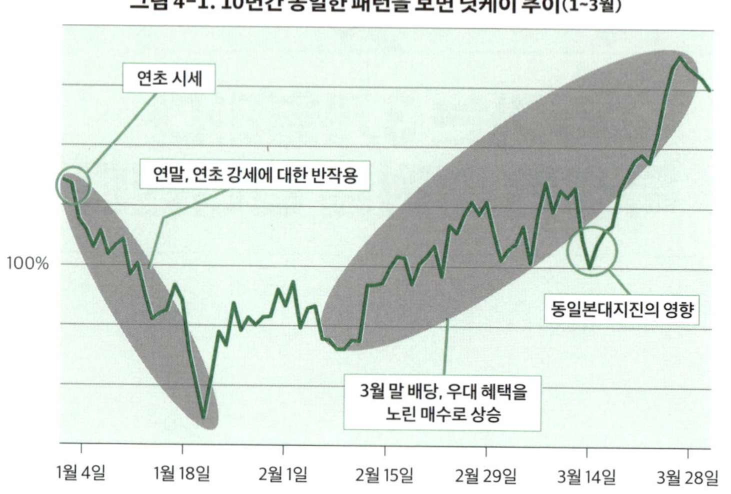

주. 전년도 최종매매일의 종가를 100%로 삼아 지수화한 과거 10년(2004~2014년) 동안의 가격 변동 평균치 추이

1~3월 분기

연초 첫 거래에서 기세를 보이며 출발했지만 전년도 말의 상승에 대한 반동으로 하락이 지속된다. 특히 2월은 저조해서 단번에 조정이 진행되다가 3월로 접어들면서 서서히 상승으로 돌아선다. 이런 상황이 벌어지는 이유는 이미 몇 번이나 언급했기 때문에 굳이 다시 설명할 필요도 없겠지만, 3월 말 배당이나 주주 우대를 노린 개인 투자가들의 매수가 들어오기 때문이다.

또 이 시기에는 국내 기관투자가의 매수가 활발하게 이루어진다. 일본의 기관투자가 대부분은 3월 말의 실적으로 1년의 평가가 결정되기 때문에 조금이라도 분기 말의 보유 주식 시가를 올리고 싶어 한다. 그 때문에 기관투자가는 주식 매수에 나서고 매도는 삼간다.

이처럼 개인의 주주 우대를 노린 매수와 기관투자가의 매수로 인해 3월 주가가 상승 추세를 그리기 쉬워지는 것이다.

개인 투자가들은 이 시기 후반에 1년 중 가장 이익을 내기 쉽다. 주가 하락이 일어나도 다시 살아날 가능성이 높기 때문에 배당이나 주주 우대가 충실한 종목을 중심으로 적극적으로 매수하는 것이 좋다.

3월로 접어들어 상승하기 시작한 추세는 4월 정도까지 계속된다. 그러나 황금연휴를 사이에 두고 주가는 하락으로 돌아서고, 해외 헤지펀드 세력의 반기 결산에 따른 매도 기세에 눌려 주가는 하락 추세를 그린다. 이른바 '천장'에 이른 것이다.

투자 초보자들은 3월의 주가 상승을 보고 '뭔가 수익을 낼 수 있을 것 같다'는 마음으로 3월 후반부터 4월 초순에 걸쳐 주식시장에 들어오지만 신중해야 할 필요가 있다.

연간 패턴으로 보면 4월 후반부터 황금연휴를 사이에 두고 주가가 하락 추세로 돌아선다. 2월, 3월의 상승장에서 수익을 올린

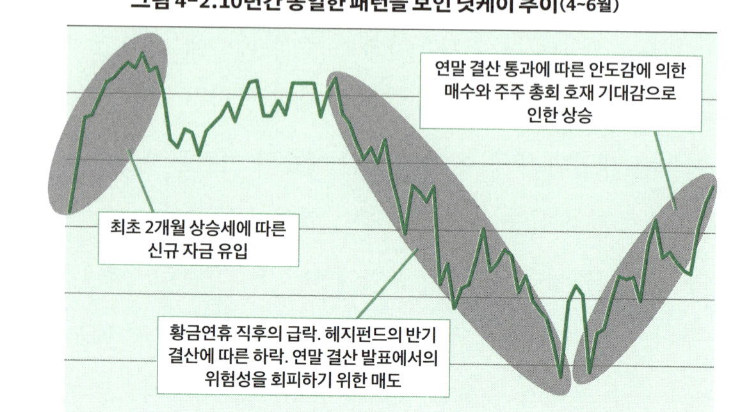

그림 4-2. 10년간 동일한 패턴을 보인 닛케이 추이(4~6월)

개인 투자가 대부분은 아직 더 상승할 수 있다는 기대감에 더 투자했다가 큰 손실을 볼 수 있으니 주가 확인에 세심한 주의를 기울여야 한다. 장기간 보유하고 싶은 종목 이외에는 보유 주식의 수를 줄이고 임기응변으로 움직이는 것이 바람직하다.

5월 내내 주가는 하락하지만 6월로 접어들면서 하락세가 멈춘다. 연말 결산이 지나면서 다가오는 안도감과 주주총회에서의 호재에 대한 기대감으로 6월 후반에 걸쳐 주가는 다시 상승하기 쉬운 환경에 놓인다.

이 시기는 1년 중 시세의 방향이 가장 보이지 않는 시기다. 시세가 '늘어진다'는 표현이 어울릴 듯하다.

특히 7월, 8월은 시세를 움직일 수 있는 호재가 사라지고 해외 투자가들이 여름휴가에 들어가기 때문에 소액의 매매가 이루어진다. 그 때문에 주가가 오르기 어렵고 마찬가지로 떨어지기도 어렵다.

매매 테크닉에 의한 실력 차이가 나오기 쉽기 때문에 경험을 쌓을 때까지 이 시기의 매매는 경험을 쌓는 기회 정도로 받아들이

그림 4-3. 10년간 동일한 패턴을 보인 닛케이 추이(7~9월)

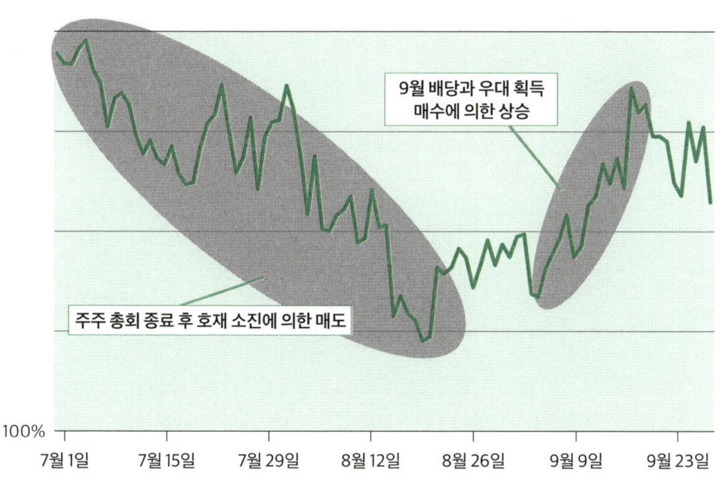

자. 기회가 올 때까지 쉬는 것이 전략이다.

9월은 배당금을 받기 때문에 주가가 다시 상승 추세를 보인다. 가을 이후의 시세에 대비한 충전 기간으로 삼는 것이 좋다.

10~12월 분기

10월이 되면 해외 투자자들의 결산 대비 매도가 나오면서 전체적으로 시세가 약세를 보인다. 개인 투자가의 절세 목적 매도도 나오기 쉽다.

단, 11월 하순 이후에는 결산을 마친 해외 세력이 다시 시장으

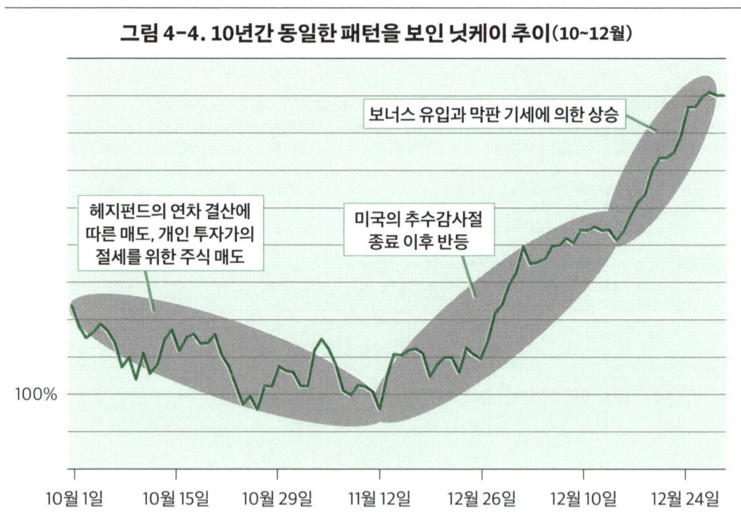

그림 4-4. 10년간 동일한 패턴을 보인 닛케이 추이(10~12월)

로 돌아오기 때문에 시세는 조금씩 상승세로 전환된다. 해외 주식 운용 기관 대부분은 12월 말 실적을 기준으로 1년 평가가 이루어지기 때문에 이때 되도록이면 주식을 매도하지 않으려는 경향을 보인다.

또한 12월은 미국 추수감사절 이후로 꾸준히 상승세가 이어지는 시기다. 일본에서는 보너스 시즌을 맞아 주식시장으로 자금이 유입되기 쉬워지면서 연말 분위기를 타고 상승 흐름이 지속된다.

이 시기는 1년 중 시세 변동이 가장 심한 시기이므로 개인 투자가는 11월 하순 이후부터 본격적인 상승이 나타날 때까지 기다렸다가, 주가가 오르는 흐름이 보이는 시점부터 서서히 매수에 나서는 것이 좋다. 또 이듬해 1월에는 다시 하락하기 쉬우므로 연말에 일단 수익을 확정하는 것도 나쁘지 않은 전략이다.

수익을 낼 수 있는 기회는 1년에 2회!

이렇게 보면 개인 투자가가 적극적으로 포지션을 취할 수 있는 시기는 거의 정해져 있다는 사실을 알 수 있다. 1년에 두 번, 커다란 상승 파동이 있으니 그 파동이 일 때 적극적으로 매수에 나서는 것이 포인트다. 구체적으로는 다음과 같다.

● 2월 중순~4월 중순

- 11월 말~12월 말

이 두 시기가 개인 투자가에게 있어 수익을 올릴 수 있는 절호
의 기회다.

계절에 따라 주가가 움직인다?! 거짓과 진실

시세에 관한 격언은 그동안의 경험을 바탕으로 주식 투자의 본질을 담아낸 것으로, 투자자들 사이에서 널리 알려져 있다. 그중에는 계절별 시세 흐름을 말하는 격언도 몇 가지 있다.

하지만 이런 격언 중에는 맹신해서는 안 되는 것들도 있다.

입춘 전후에 천장 찍고 춘분 전후에 바닥 찍는다

이 격언을 따르면 손해를 본다. 1~3월 분기 주가 움직임의 특징에서 보았듯 입춘을 전후해서 천장은커녕 그야말로 하락 일로를 걸었다. 춘분은 3월 하순(9월 하순의 추분을 가리킨다는 설도 있다)이므로 이때는 상승 도중에 있다. 따라서 이 격언과 최근의 움직임은 반대다. 물론 이 격언이 맞는 해도 있지만 그대로 믿고 포지션을 취했다가는 손해 볼 위험성이 크다.

이 격언도 역시 손해 보는 격언이다. 서머 랠리는 여름에 주가
가 상승하기 쉽다는 뜻이다. 그런데 7~9월 분기 주가 움직임의
특징에 관해 설명한 것처럼 주식시장에서는 여름에 오히려 주가
가 하락하는 경향이 있다. 그래서 서머 랠리에 기대를 걸고 포지
션을 취하면 손해 볼 위험이 커진다.

5월 5일 어린이날에 세우는 잉어 모양의 연(풍선 깃발)처럼 풍선
이 천장에 달라붙어 있는 모습, 즉 급등 후 고점 형성을 설명할 때
쓰인다. 이 격언은 꽤 들어맞는 것 같다. 4~6월 분기의 주가 움직
임을 보면 황금연휴를 전후하여 주가가 절정을 찍고 하락으로 돌
아서는 경우를 많이 볼 수 있어서 정곡을 찌르는 격언이라고 말할
수 있다.

해외의 비슷한 격언으로 'Sell in May'가 있다. 5월에는 주식을
팔아버리라는 것이다. 일본 시장에 딱 맞는 격언이다.

이 격언도 맞는 것 같다. 10~12월 분기의 주가 움직임을 보면 정말 그렇다. 일본 주식시장에서는 연말까지 주가가 상승하는 경향을 보인다.

이런 상황이니 투자에 관한 격언이라고 맹신할 것이 아니라 오히려 의심해보고 사실인지 아닌지 판단해보자. 앞에 소개한 다양한 표들을 참고해 확인한 뒤 투자하기를 권한다.

연초의 3영업일을 기준으로 그해의 시세를 점친다

명확한 근거는 없지만 경험적으로 잘 맞는다고 여겨지는 법칙을 시세의 어노말리(anomaly·변칙, 이례)라고 한다. 내가 알기로 뛰어난 투자자들은 이런 어노말리를 많이 알고 있으며 실제로 그것을 바탕으로 투자하고 있다. 어노말리를 많이 알고 있을수록 투자 성과를 내기 쉬워진다.

연초의 3영업일이 연간 상승률을 예견한다

시세의 어노말리에는 여러 종류가 있다. 예를 들어, 연초 3영업일의 흐름이 그해의 연간 상승률을 예견한다는 것 또한 그중 하나다. 이 내용은 그림 4-5의 그래프를 보면 쉽게 이해할 수 있다. 이 그래프는 세로축이 연간 상승률, 가로축이 연초 3영업일의 상승률

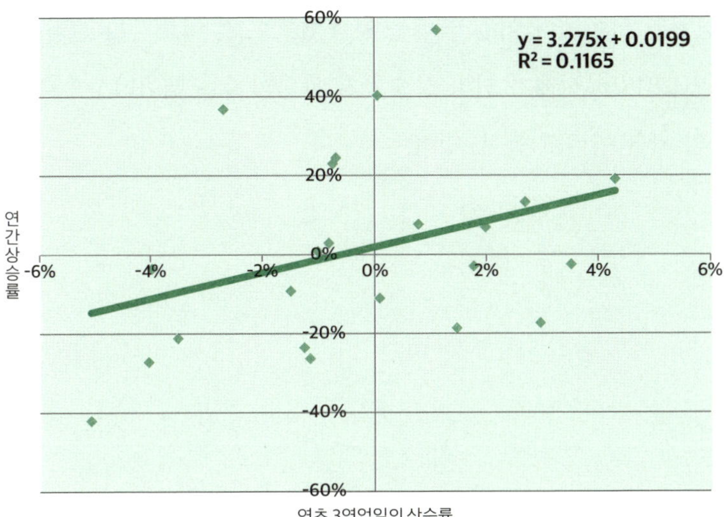

을 나타낸다. 약간 분산되어 보이기는 하지만 전반적인 경향은 확인할 수 있을 것이다. 기본적으로 연초 3영업일 동안 주가가 상승하면 그해 1년 동안의 수익도 좋은 흐름을 보이는 경우가 많다.

그렇다면 근거는 무엇일까. '없다'고 답할 수밖에 없다. 그렇기 때문에 어노말리다.

덧붙여 2014년 닛케이 평균 주가를 예로 들면, 그해 대발회(증권거래소에서 1년 중 처음으로 갖는 입회)에서의 닛케이 평균 주가는 대납회(연말 최종 입회)의 종가보다 382엔 낮았다. 게다가 다음 날에도 94엔이 더 떨어져 이틀 만에 476엔이나 하락했다.

그러나 그다음 날에는 307엔 상승으로 돌아서 대발회 이후

2영업일 동안 발생한 손실을 어느 정도 만회했다. 대발회로부터 3영업일 사이에 떨어진 금액을 보충했으므로, 어노말리 관점에서 보면 2014년 시세가 연간 상승할지 하락할지는 데이터상으로 '반반의 확률'이라고 할 수 있다.

이왕 살 바에는
그달의 후반부가 유리하다

주식 투자에는 '눌림목 매수'라는 것이 있다. 상승 추세 도중 주가가 하락해 가격이 낮아졌을 때 매수하는 전략이다. 이 눌림목 매수를 달의 전반에 실행하는 경우와 후반에 실행하는 경우를 비교하면 약간 차이가 난다.

운용 성과를 비교해보면, 대체로 달의 전반에 매수하면 마이너스가 되기 쉽고 달의 후반에 매수하면 플러스가 되기 쉬운 경향이 나타난다. 즉, 눌림목 매수를 할 때는 달의 전반보다 후반에 매수하는 편이 낫다는 결론이 나온다.

그림 4-6은 일일 매매대금이 5억 원 이상으로 주가가 75일 이동평균선보다 위에 있는 종목 중 크게 하락한 20종목을 분석한

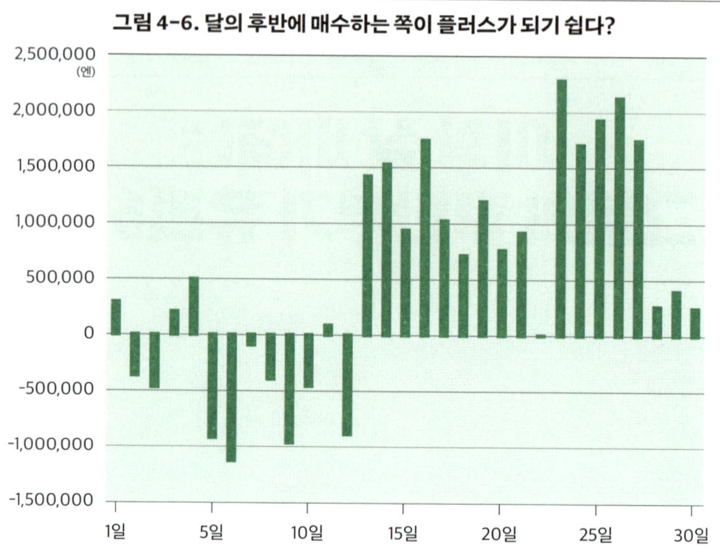

주. 시스템 트레이드 달인의 도움을 받아 작성. 기간은 2004년 1월 1일~2013년 12월 31일까지 10년

것이다. 모두 다음 날 매수해 일주일 정도 보유한 뒤 매각했다. 달의 전반보다 후반에 눌림목 매수를 위한 새로운 자금이 유입되고 있는 것처럼 보이는데 확실한 근거는 없다.

일본 주식시장뿐 아니라 미국 주식시장도 비슷하다. 역시 근거는 없지만 주식에 투자하는 타이밍을 생각할 때 참고 정도는 될 것이다.

윈도드레싱은 존재한다

윈도드레싱은 크리스마스 시기에 사용되는 창문 장식에서 유래했다. 즉, 크리스마스에 창문을 꾸미듯 주가를 '장식해' 끌어올리는 것을 의미한다. 왜 이런 행동을 할까?

헤지펀드나 연금 자금을 운용하는 펀드 같은 기관투자가들은 분기별로 산출되는 운용 성과에 따라 이후 자금 유입이 좌우되기 때문에 3월 말, 6월 말, 9월 말, 12월 말 등 각 분기 말의 주가를 중요하게 여긴다. 즉, 기관투자가들에게는 각 분기 말의 주가가 핵심 지표인 셈이다. 이 때문에 분기 말이 되면 무리하게 주가를 끌어올리려는 듯한 매수가 나오기도 한다고 시장 관계자들은 말한다.

표 4-1. 윈도드레싱 조사 결과

구분	지수	전체		월말 기준		분기말 기준	
		전일 대비	당일 대비	전일 대비	당일 대비	전일 대비	당일 대비
전통시장	닛케이 평균	0.02%	▲0.02%	▲0.01%	▲0.04%	▲0.07%	▲0.20%
	TOPIX	0.01%	▲0.04%	0.05%	▲0.01%	▲0.03%	▲0.17%
중간시장	도쿄증권 2부	0.02%	▲0.01%	0.29%	0.23%	0.36%	0.30%
	도쿄 REIT	0.02%	0.06%	0.65%	0.61%	0.56%	0.54%
신흥시장	JASDAQ	0.02%	▲0.01%	0.35%	0.25%	0.58%	0.46%
	마더즈	0.01%	▲0.06%	0.52%	0.43%	1.08%	0.93%

주. 시스템 트레이드 달인의 도움을 받아 작성. 기간은 2004년 1월 1일~2013년 12월 31일까지 10년

전통시장에서는 큰 기대를 걸 수 없다

자, 정말 윈도드레싱이 있을까? 만약 있다면 그것은 일정한 효과를 발휘하고 있을까? 실제로 데이터를 보고 검증해보았다. 닛케이 평균이나 TOPIX 등의 전통시장에서는 윈도드레싱의 존재를 확인할 수 없었다. 그러나 도쿄증권거래소 2부 지수나 도쿄증권거래소 REIT 지수 등의 중간시장(이라고 이름 붙임)에서는 특히 4분기 말에 그 존재를 확인할 수 있었다.

왜 전통시장에는 윈도드레싱 매수가 발생하지 않고 중간시장이나 신흥시장만 발생하는 것일까? 이것은 아마 "전통시장은

거래량이 많기 때문에 주가를 움직이려면 막대한 자금이 필요하지만 중간시장이나 신흥시장은 거래량이 적어 훨씬 적은 자금으로 주가를 움직일 수 있다"는 이유에서가 아닐까?

결론적으로 윈도드레싱을 이용한다면 전통시장에서는 큰 기대를 걸지 않는 것이 좋을 것이다. 윈도드레싱을 이용해서 매수하면 오히려 손해를 볼 위험이 클 것 같다.

한편, 중간시장이나 신흥시장에서는 어느 정도 기대를 해도 좋을 듯하다. 윈도드레싱 당일에 아침부터 순조롭게 주가가 오르는 종목이 있다면 거기에 편승해보는 것도 나쁘지 않을 듯하다.

낮에는 가격이 내리고 밤에는 가격이 오른다

한밤중에는 다른 얼굴

어떤 투자 세미나에 참석했을 때 이런 이야기를 들었다.

"주가는 밤에 오르는 현상을 보인다."

이게 사실이라면 재미있는 이야기다. 그래서 TOPIX를 대상으로 '아침 시초가에 매수해서 종가에 매도하는' 주간 패턴과 '종가에 매수해서 다음 날 시초가에 매도하는' 야간 패턴을 각각 매일 반복해 조사해보았다.

그러자 주간 패턴에서는 점점 손실이 커지고 야간 패턴에서는 점점 이익이 커지는 현상이 포착됐다.

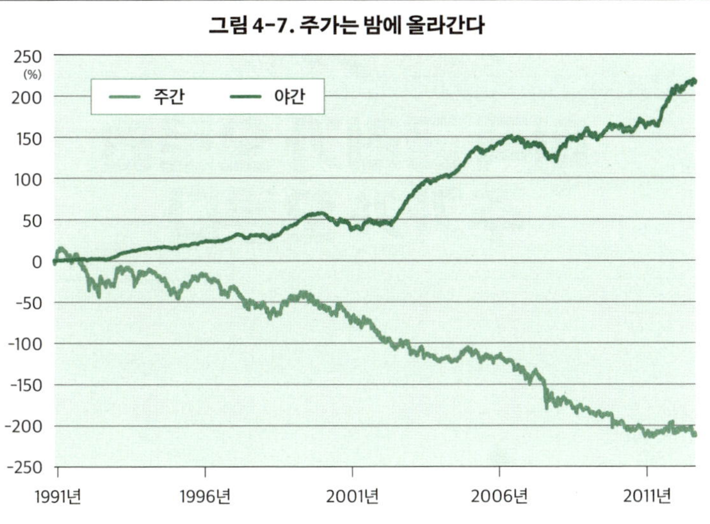

그림 4-7. 주가는 밤에 올라간다

그림 4-7을 보아도 알 수 있듯 그 움직임은 분명하다. 정말로 주가가 밤에 오르는 현상이 일어나고 있는 것이다.

일본을 대표하는 도요타자동차(7203)나 소니(6758)에 대해서도 조사해보았는데 마찬가지였다. 주간 패턴의 주가는 하락하는 경향이 있고, 야간 패턴의 주가는 상승하는 경향이 있는 것이다. 그 차이는 미미하기는 하지만 티끌 모아 태산 아닐까. 주식을 매도하려면 아침이 좋고 매수한다면 종가가 좋다.

미국 금리가 오르면 주가가 오른다

FF 환율 상승은 미국 경기 호조의 신호다

미국 단기금리의 지표 같은 존재인 FF 환율의 움직임과 일본의 주가 사이에는 밀접한 관계가 있다. 즉, FF 환율이 상승하면 일본의 주가도 상승하는 경향을 볼 수 있다.

그 이유는 아마 미국과 일본의 경제가 밀접하게 연결되어 있기 때문이다. FF 환율이 오른다는 것은 미국의 경기가 호조를 보이고 있다는 증거다. 금리는 일반적으로 경기의 미래가 나쁘다고 예견될 때 금융 완화 정책이 취해지며 내려간다. 반대로 경기가 과열 기미를 보이고 있을 때는 금융 긴축 정책에 의해 상승한다. 따라서 FF 환율 상승은 미국 경기가 호조를 보이고 있음을 의미한다.

미국의 경기가 호조를 보이면 일본의 경기도 좋아진다. 일본 기업 입장에서 볼 때 미국은 다양한 물건을 대량으로 구입해주는 시장이기 때문이다. 중국도 거래대상으로서는 매우 큰 규모를 가지고 있지만 미국은 전쟁 이후부터 일본기업의 중요한 고객이었다.

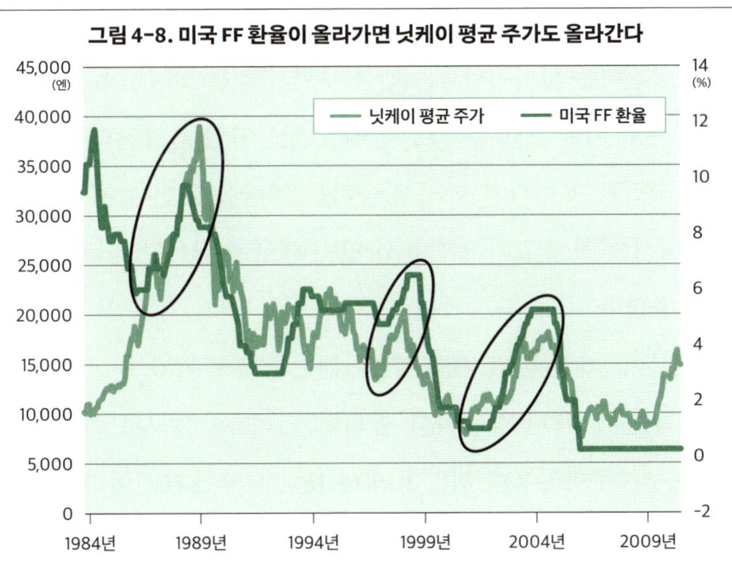

그림 4-8. 미국 FF 환율이 올라가면 닛케이 평균 주가도 올라간다

이 정도로 경제적으로 밀접하게 연결되어 있으니 그야말로 '미국이 재채기를 하면 일본이 감기에 걸린다'라고 표현할 수 있을 정도로 서로 큰 영향을 끼칠 수밖에 없다. 미국의 경기가 호조를 보이면 그만큼 일본제품을 많이 구입하기 때문에 일본기업의

경기가 좋아지고 그것이 나아가 주가 상승으로 이어지는 것이다.

교과서대로 움직이면 손해를 본다

경제 교과서에서는 "금리가 오르면 주가는 떨어진다"라고 말한다. 금리가 오른다는 것은 금융을 옥죄고 있는 것이며 그것은 경기 전체를 얼어붙게 만든다. 따라서 기업 실적은 떨어지고 주가도 떨어진다는 말이지만 데이터를 보면 그것은 맞지 않는 말이다.

실제로 미국 내에서도 FF 금리를 인상하면 잠깐 주가가 조정되는 양상을 보이다가 다시 상승하는 현상을 보인다. 주식 투자 세계에서는 경제 교과서에 적혀 있는 대로 움직이면 손해를 보는 경우가 많다.

덧붙여, 과거에 FF 환율과 닛케이 평균 주가가 연동되지 않았던 때는 1985년의 플라자 합의에 의해 엔저가 시정된 이후, 1995년의 멕시코 통화 위기에 의해 1달러=79엔 75전이라는 엔고를 기록했을 때다. 기본적으로 통화가 크게 혼란스럽지 않다면 FF 환율과 일본의 주가는 멋지게 연동된다고 생각해도 좋다.

따라서 미국의 중앙은행 조직인 FRB의 금융정책을 살핀 뒤, 그들이 금융 긴축을 시작하면 일본 주식을 매수하고, 금융 완화로 전환하면 일본 주식을 매도하는 것이 하나의 투자 전략이 될 수 있다.

연도의 마지막 숫자가 5와 9인 해는 매수한다?

간지보다 서기 쪽이 맞다

연간 시세에 대한 격언은 일반적으로 간지(干支)로 표현한다.

"용해(辰年)와 뱀해(巳年)에는 주가가 천장을 뚫고 상승하고 말해(午年)에는 주가가 떨어지며 양해(未年)에는 참아야 하고 원숭이해(申年)와 닭해(酉年)에는 주가가 요동을 친다. 개해(戌年)에는 웃음을 짓고 돼지해(亥年)에는 굳혀야 하며 쥐해(子年)에는 번성하고 소해(丑年)에는 넘어진다. 호랑이해(寅年)에는 천리를 달리느라 기복이 심하고 토끼해(卯年)에는 튀어 오른다."

간지를 주가의 변동에 비유한 유명한 말이다. 단, 예전이라면 평소에도 간지 달력을 사용했겠지만 이제는 간지를 활용하는 경우가 거의 없다.

또, 일본 주식시장의 주요 고객인 해외 투자가는 간지를 전혀 모를 것이다. 그것보다는 당연히 서기를 의식한다. 따라서 이 격언은 전혀 모를 것이다.

판롤링(PanRolling) 사가 주최한 투자 전략 페어에 유명한 투자가 래리 윌리엄스가 강의를 왔을 때 그는 이렇게 말했다.

"미국 시장에서 서기로 마지막 숫자가 '5'인 해는 좋은 실적이 나옵니다. 따라서 집을 저당 잡혀서라도 투자해야 합니다."

상당히 자신감이 넘치는 말투다. 어쩌면 일본의 주식시장에도 적용할 수 있을지 모르겠다는 생각에 서기를 기준으로 닛케이 평균 주가의 연간 평균 상승률 경향을 조사해보았다. 기간은 1950년부터 2013년까지다.

그 결과는 그림 4-9와 같다. 연평균 상승률은 11.5%로 그보다 높은 상승률을 보인 해는 끝자리가 '2, 5, 6, 8, 9'인 해였다. 그중에서 한 번도 마이너스를 보이지 않은 해는 끝자리가 '5'와 '9'인 해였다.

역시 일본에서도 끝자리가 5인 해는 좋은 해인 것 같다. 그리고 그보다 나은 성적을 보이는 것이 끝자리가 '9'인 해다. 한편으

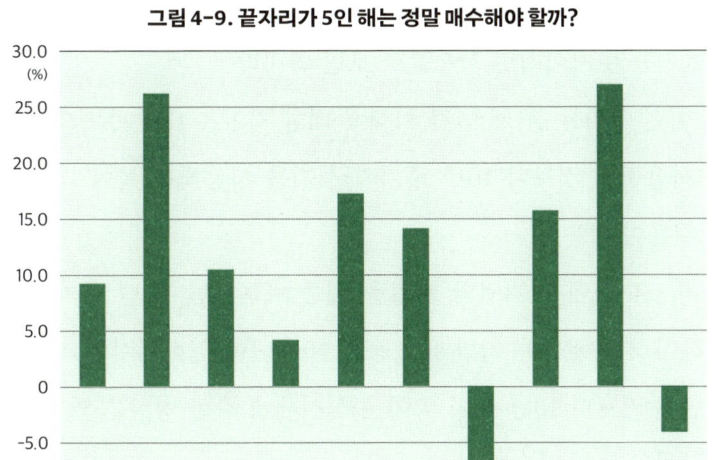

주. 세로축은 닛케이 평균 주가의 연평균 상승률. 가로축은 연도 끝자리 숫자

표 4-2. 연도 끝자리 숫자별 승패

연도 끝자리 숫자	평균 상승률	승	패
1	9.18%	4	3
2	26.16%	4	3
3	10.44%	5	2
4	4.12%	4	2
5	17.18%	6	0
6	14.09%	5	1
7	-7.67%	1	5
8	15.66%	4	2
9	26.93%	6	0
0	-4.10%	2	5

로 아쉬운 것이 끝자리가 '7'인 해다. 일반적으로 '럭키세븐'으로 선호하는 숫자이지만 상승률로 보면 최하다.

이런 결과를 볼 때 연간 시세에 대한 격언은 12년 주기의 간지를 사용하는 것보다 10년 주기의 서기를 사용하는 쪽이 더 낫다는 결론이 나온다.

비즈니스에서 기업의 계획을 세울 때는 5년, 10년 주기를 선택하며 기념행사나 기념배당 등도 10주년이 일반적이다. 따라서 12년 주기보다 10년 주기 쪽이 주식시세에 강한 영향을 끼친다고 생각해도 좋지 않을까.

떨어지는 칼은 잡는 것이 유리하다

이익을 낼 큰 기회

이런 격언이 있다. "떨어지는 칼은 잡지 마라." 일반적인 의미는 '떨어지는 칼을 맨손으로 잡으려 하면 크게 다칠 위험이 있으니 잡지 말라'는 것이고, 이 말이 주식시장에 적용되면 '급락 중인 종목은 매수하면 안 된다'는 뜻이다.

이 격언은 막 매매를 시작한 투자자에게는 유용하다. 초보자는 하락 이유나 위험성을 제대로 파악하지 못한 채 가격이 낮다는 이유만으로 매수하려는 경향이 있기 때문이다. 그러나 오랜 경험이 있는 투자자에게는 큰 도움이 되지 않는 격언이다.

큰 수익을 올릴 수 있는 기회이기 때문이다.

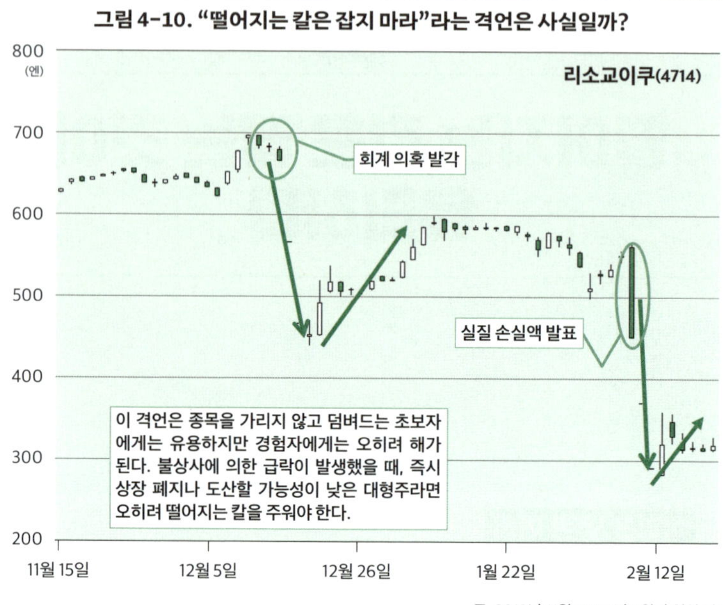

이 격언은 종목을 가리지 않고 매수하려는 초보자에게는 유용하지만, 경험 있는 투자자에게는 오히려 해가 될 수 있다. 불상사로 인해 주가가 급락했을 때 상장 폐지나 도산 가능성이 낮은 대형주라면 '떨어지는 칼'이라도 주워야 가치가 있기 때문이다.

예를 들어 리소교이쿠(4714)를 보자. 이 회사는 2013년 12월 회계 의혹 보도가 나오면서 주가가 크게 하락했다. 12월 12일 종가는 685엔이었으나, 12월 19일에는 453엔까지 떨어졌다. 그러나 그 지점이 바닥이었고, 2014년 1월 14일에는 주가가 591엔까지 회복됐다. 이후 2월 13일에 다시 291엔까지 하락했다가, 다음 날 360엔의 고가를 기록할 정도로 반등했다.

이처럼 불상사로 주가가 급락했더라도 즉시 상장 폐지나 경영 파탄으로 이어질 가능성이 낮은 대형주라면 '떨어지는 칼'이라도 잡아볼 충분한 가치가 있다.

봄에 웃는 투자가, 가을에 우는 투자가

개인 투자가의 묘미

지금까지 몇 가지 데이터를 통해 알게 된 사실, 이른바 어노말리에 대해 설명했다. 겉보기에는 모두 근거가 있는 것처럼 보이지만 어디까지나 상상의 범위일 뿐 확실하다고는 할 수 없다.

그러나 어떤 이유에서든 이유가 있기 때문에 주가는 움직인다. 그렇다면 활용할 수 있는 것들은 적극적으로 활용해야 한다. 이것이야말로 개인 투자가의 특권이자 묘미다. 근거가 무엇이든 데이터상에서 이길 확률이 높은 쪽에 베팅할 수 있기 때문이다.

반면 기관투자가는 이런 투자를 할 수 없다. 다른 사람이 맡긴 돈을 근거가 불확실한 종목에 투입할 수 없기 때문이다.

기관투자가가 들어갈 수 없는 종목에 개인 투자가가 들어가 이
익을 낸다.

이보다 더 통쾌한 일은 없다. 다만 투자 격언이든 연도의 끝자
리 숫자든 연초 3영업일의 흐름이든 월말 매수 전략이든 결국 시
장은 당시의 경제 상황에 영향을 받는다. 따라서 '승률이 높다'는
것이지 절대적인 법칙은 아니다. 투자는 승리와 패배를 반복하면
서 조금씩, 꾸준하게 자산을 늘려가는 과정이다.

개인 투자가는 1~3월 분기가 승부처다!

"이 중에서 추천하는 어노말리는 어느 것입니까?"라고 묻는다
면 망설이지 않고 이번 장 처음에 소개한 '계절별 주가 움직임'이
다. 나의 과거 성적을 봐도 주가가 상승하기 쉬운 봄에 수익을 올
린 경우가 많았다.

따라서 개인 투자가들에게는 1~3월 분기가 승부처다. 3월 말
은 주주 우대 인기 종목도 많고 기관투자가의 매도도 적은 시기이
기 때문이다. 3장에서 설명한 주주 우대 투자를 기본으로 어노말
리 투자를 활용한다면 더 높은 수익을 기대할 수 있을 것이다.

단, 봄에 수익을 올렸다고 신이 나서 황금연휴 후에도 레버리
지를 걸어 계속 매수하거나 프로들이 싸우는 여름철에 뛰어들면

당하기 쉽다. 개인 투자가들은 봄에 웃고 가을에 우는 것이다.

어노말리는 여기에서 소개한 것들 이외에도 여러 가지가 있다. 승리를 거둘 확률이 높아 보이는 어노말리라면 개인 투자가의 특권으로 마음껏 활용해보자.

☐ 주가의 움직임은 3개월마다 특징을 보인다.

☐ 수익을 주는 격언, 손실을 주는 격언이 있다.

☐ 첫 3영업일이 연간 상승률을 예언한다.

☐ 눌림목 매수는 보통 달 후반에 하는 게 유리하다.

☐ 연도의 끝자리 수가 5와 9인 해는 주가가 오른다.

☐ 미국의 금리가 오르면 주가가 오른다.

☐ 전통시장에서는 윈도드레싱을 기대하지 말라.

☐ 개인 투자가는 1~3월 분기가 승부처다.

5장

프로의 세계에 뛰어들지 마라: 개인 투자가의 9가지 마음가짐

마음가짐 1.
프로와 승부를 겨루면
확실히 진다!

프로는 신칸센, 개인 투자가는 인간.

정면으로 부딪히면 당연히 진다.

이것은 주식시장의 철칙이다.

기본적으로 프로 투자가는 정보량도 많고 개인 투자가에 비해 자금량이 풍부한 데다 매매에 능숙하기 때문에 정면으로 부딪히면 당연히 당해낼 수 없다. 상대는 중화기로 무장하고 있는데 이쪽은 죽창을 들고 맞서는 것과 같다. 죽창만 가지고 있다면 죽창끼리 싸울 수 있는 장소를 선택하거나 순간적인 빈틈을 찾아 단번에 승리를 거둘 수 있는 싸움을 해야 한다. 그러니까 일단 프로들만 움직이는 시장에는 참가하지 말아야 한다.

그렇다면 프로는 어떤 시장에 있을까. 그것을 알고 있으면 스스로 지뢰를 밟는 우를 범하지 않을 수 있다. 프로들이 움직이는 시장은 우선 대형주다. 일본제철(5401), 도요타자동차(7203), 미쓰비시중공업(7011) 등 세상에서 대기업으로 불리는 기업의 주식이 해당된다. 이런 종목들은 외국인 투자가들의 자금이 대량으로 투입되어 있다.

그들은 엄청나게 많은 돈을 가지고 참여하기 때문에 개인 투자가의 매매로는 주가가 전혀 반응하지 않는다. 오히려 기관투자가의 사정에 따라 주가가 움직이며 거기에 휩쓸려 손실을 입는 경우가 있다. 주가 지수 선물 거래도 마찬가지다. 물론, 주가 지수 선물 거래에 참가하고 있는 개인 투자가도 있지만 이러한 종류의 시장은 기본적으로 프로들의 시장이라고 생각해야 한다. 국내외 기관투자가를 비롯하여 프로들이 참여하고 있는 시장이므로 개인 투자가가 참여해도 기관투자가의 움직임에 휘말려 버린다.

또 알고리즘 트레이드가 이루어지고 있다는 점도 프로들의 시장에 참가하지 않는 것이 좋다고 판단할 수 있는 이유다. 알고리즘 트레이드는 이른바 컴퓨터 매매로, 단기간에 자동으로 우위를 찾아내 고액의 자금을 바탕으로 반복적 매매를 한다. 프로들의 시장에서 매매를 하면 이러한 상대들과 싸워야 한다.

솔직히 매우 어려운 세계다.

따라서 개인 투자가들은 죽창으로만 무장한 시장에서 싸우는 것이 바람직하다.

마음가짐 2.
주식은 소수파가 이긴다!

시장은 항상 소수파에게 유리한 방향으로 움직인다. 수급에 따라 가격이 형성되기 때문이다. 주가는 주식을 사고 싶은 투자가와 팔고 싶은 투자가 사이에서 결정된다. 주식을 사고 싶어 하는 투자가가 많을수록 매도자는 상황을 살펴보며 낮은 가격에 팔지 않으려 한다. 그 결과 주가는 서서히 상승하고 매도자가 "팔아도 되겠다"라고 생각할 수 있는 수준에서 거래가 이루어진다.

문제는 여기서부터다. 주가가 계속 상승하려면 매수하려는 투자가가 더 있어야 한다. 설사 좋은 뉴스가 나왔다고 해도 이미 많은 투자가가 그 주식을 보유하고 있으면 매수자가 적어 주가가 오르기 어렵다. 한편, 나쁜 뉴스가 나오면 매도하려는 사람들로 넘치고 매수자가 줄어들면서 주가는 단번에 하락한다. 따라서 다수파에 속해 있으면 주가는 오르기 어렵고 떨어지기 쉬운 입장에 놓인다는 결론이 나온다.

만약 다수파의 입장에서만 거래에 참가할 수 있다면 그 결과는 다수파에 속해 있는 다른 사람들과 같을 것이다. 다수파, 즉 다수의 사람들이 주식시장에서 이익을 얻고 있을까? 만약 그렇다면 누구나 주식시장에 참가할 것이다. 주식시장에서 꾸준히 수익을 올리는 사람은 전체의 10~20%뿐이다. 그들이 다수파가 아니라 소수파라는 것은 명확한 사실이다. 따라서 주식시장의 거래에 참가하려면 자신이 현재 다수파에 해당하는지, 아니면 소수파에 해당하는지 확인해야 한다. 그래야 더 큰 수익을 올릴 수 있다.

마음가짐 3.
프로의 예상과 반대로 움직여라!

주가는 아무래도 심술꾸러기 같은 성질이 있는 듯하다. 앞서 설명한 소수파 이야기와 비슷하지만, 모두가 오른다고 생각하면 떨어지고, 떨어진다고 생각하면 오르는 신기한 생물 같다. 그 때문에 계속 손실만 보는 사람도 많이 있다.

그렇다면 모두가 오를 것이라고 생각했을 때 하락 쪽에 베팅하고, 내릴 것이라고 생각했을 때 상승 쪽에 베팅하는 식으로 '모두와 반대'로 움직이면 수익을 올릴 수 있지 않을까? 그래서 즉시 조사해보았다. 이 조사는 2009년 2월에 실시했다.

여기서 문제가 되는 것은 '모두'의 의견을 어떻게 수집하는가 하는 것이었다. 내가 주목한 것은 투자금융 전문정보지인 《닛케이 베리타스》에 게재되어 있는 프로들의 시세 관측에 의한 '불 베어(Bull Bear) 조사'였다. 이 조사는 향후 1주일간의 주식시세 관측에 대해 시장 관계자에게 약세부터 강세까지 7단계로 평가를 받아 집계 점수를 제시한다. 0점이 중립이다. 매회 약 40명에서 50명에게 평가를 받는다.

그래서 과거 1년분의 불 베어 조사 점수와 다음 날부터 시작되는 주의 닛케이 평균 선물 거래 상승 비율의 관계에 대해 조사해보았다. 분석 결과, 올라갈 것으로 예상할수록 떨어지는 경향이 있고, 내려갈 것으로 예상할수록 올라가는 경향이 있어, 기가 막힐 정도로 '모두와 반대'로 하는 게 효과가 있다는 사실을 알 수 있었다. 하락 추세일 때도 불 베어 조사의 점수가 ▲0.1 이하가 된 초약세 때에 매수한 경우는 6전 전승이라는 놀라운 성적이 나왔다. 주가는 정말 마음껏 심술을 부리고 있었다.

이 결과를 근거로 본다면, 불 베어 조사의 점수가 ▲0.1 이하일 때 닛케이 평균 선물 거래를 월요일 시초가에 '매수'하고, 그 이상이면 '매도' 포지션을 취한 뒤 목요일 시초가에 결제하면 수익을 내게 된다. 이 투자 방법에서 승리를 거둔 횟수는 34회 중 28회로 상당히 높은 승률을 보였다. 이익 총액은 115%로 1회당 3.4%다. 중요한 것은 시장 전망을 하는 프로도 믿어서는 안 된다는 것이다. 프로들의 예상과는 반대 방향으로 움직이는 경우가 많으니까.

나는 일요일 아침에 《닛케이 베리타스》를 보며 프로들의 평가가 높으면 의욕을 잃는다. 반대로 평가가 낮으면 "드디어 올라가는군" 하는 기분이 들어 의욕이 넘친다.

"사람들이 몰려가는 뒤쪽에 아름다운 꽃밭이 있다."

이런 시세 격언처럼 모두가 향하는 길을 따라가도 수익을 올리기 어렵다.

"어떤 길을 가더라도 꽃이 지기 전에 가라."

이것 역시 좋은 격언이다. 모두가 여러분이 매수한 주식이 오를 거라고 말한다면 경계하고 매도할 시기를 살펴보아야 한다.

마음가짐 4.
애널리스트가 추천하는 종목은 매수하지 마라!

애널리스트나 주식평론가로 불리는 사람들이 잡지나 단행본을 통해 종목을 추천하는 경우가 있는데 그 말을 믿고 투자하지 마라. 애널리스트나 주식평론가가 추천하는 시점에는 이미 그 종목을 추천하는 이유 중의 상당 부분이 사라져버린다.

애너리스트나 주식평론가들이 추천하는 종목은 유효기간이 끝난 것이라고 생각해도 좋다.

미디어를 통해 세상에 정보가 알려지는 순간, 이미 그 종목의 장점은 사라졌다고 생각하는 것이 타당하다. 추천 종목 그 자체가 아니라 추천 종목을 발견하게 된 경위를 참고해야 한다.

주식 투자는 소수파에게 유리하게 움직이는 세계다. 많은 사람이 그 정보를 공유한다면 그 시점에서 이미 끝이다.

가끔 애널리스트나 주식평론가들이 내가 가지고 있는 종목을 추천하는 경우가 있는데 전혀 기쁘지 않다. "역시 내 선택이 옳았어"라며 만족감에 취해 있을 한가한 시간이 있다면 가능하면 빨리, 조금이라도 유리하게 매도할 수 있는 타이밍을 찾는 것이 현명하다.

마음가짐 5.
시세에 '절대'란 있을 수 없다!

시세에 '절대적'인 것이 존재한다면 누구나 큰돈을 벌 수 있을 것이다. 하지만 현실을 보면 시세에 절대라는 것이 없다는 사실을 금세 이해할 수 있다. "이건 절대로 괜찮아"라고 생각하는 순간부터 이미 손해로 향하는 길에 들어섰다고 봐야 한다.

왜냐하면 절대라고 믿었던 것과 주가가 반대로 움직이면 "이건 뭔가 일시적인 문제니까 곧 돌아오겠지"라고 현실을 외면하고 방치하게 되고, 빠져나와야 할 때 빠져나오지 못하기 때문이다. '절대적'이라고 믿는 순간 찾아오는 안도감, 아니 '안도하고 싶은 마음'이 그런 결과를 부른다.

흔히 볼 수 있는 예로 "그 사장이라면 절대 믿을 수 있어"라는 식의 생각이 있다. 경영자의 인품에 빠져버리는 것이다. 하지만 사장도 인간이다. 예측 못한 상황이 닥치면 아무리 노력해도 다시 일어설 수 없을 때가 있다. 그럼에도 "그 사장이라면 어떻게든 되겠지"라고 믿고 주가가 거의 제로에 가까워질 때까지 버티다가 큰 손해를 보는 사람을 여럿 보았다. 그래서 늘 긴장감을 유지해야 한다. 자신의 예상이 틀릴 수도 있다는 마음가짐으로 시세를 바라봐야 한다.

또 "그 사람이 절대 그런 일은 없다고 했으니까"라며 그 말을 그대로 믿어버리는 경우도 있다. 하지만 그 '절대'라고 말한 사람이 사실 시세에 대한 초보자일 수도 있고, 스스로를 프로라고 부르는 사람일 수도 있다. 진짜 프로는 시세의 무서움을 잘 알기 때문에 원칙적으로 '절대'라는 말을 하지 않는다.

한때 초우량주로 여겨졌던 도쿄전력(9501)조차 지진의 영향으로 주가가 크게 떨어진 적이 있다. 이런 사례를 실제로 보면 "시세에 절대란 없다"는 사실을 절실히 느낄 수 있을 것이다. 누군가 "절대로 떨어지지 않는다"고 말하더라도 그 말을 그대로 믿지 말고, 그렇게 말하는 '근거'만 참고하라.

버블을 두려워하지 마라!
함께 즐겨라!

주가 상승이 오래 이어지면 주변에서 "이건 거품이니까 언젠가 무너질 거야. 손대면 안 돼"라는 고마운 경고를 해온다.

하지만 그런 위험은 나도 충분히 알고 있다. 그럼에도 나는 오히려 "거품을 두려워하지 말고, 차라리 함께 즐겨라!"라고 생각한다.

거품은 자산을 크게 늘릴 수 있는 기회다

우선 사람들이 "버블이니까 조심해야 한다"라고 말하는 동안은 결코 버블이 아니다. 그럴 때는 모두가 조심하고 있기 때문이다. 즉, 아직은 매수할 수 있는 자금을 보유하고 있는 상태다.

정말 무서운 것은 모두가 들떠 있을 때다. 지금까지 발생한 거품을 보아도 쉽게 이해할 수 있다. 1980년대 후반의 부동산 버블과 2000년의 IT 버블을 생각해보자. 모두가 들떠서 밝은 미래를 말하고 있을 때, 그때야말로 정말 위험하다. 그런 상황에서 주가는 어느 날 갑자기 폭락한다.

하지만 그렇다고 해서 버블의 붕괴를 필요 이상으로 두려워하여 외면할 필요는 없다. 투자가는 자신의 자산을 최대한 늘리기 위해 위험을 감수하고 투자한다. 버블은 자신의 자산을 크게 늘릴 수 있는 가장 큰 기회다. 억대 자산을 만드는 개인 투자가가 많이 나오는 것도 바로 이 타이밍이다.

여기까지 읽은 독자는 이미 눈치챘을 테지만 이벤트 투자는 단기간에 큰돈을 벌 수 있는 투자법이 아니다. 오히려 착실하게 자산을 늘려가는 투자법이다. 시세가 엄청난 순풍을 타고 움직이지 않는 한, 이벤트 투자만으로는 자산을 폭발적으로 늘릴 수 없다. 그렇기 때문에 몇 년에 한 번, 또는 십수 년에 한 번 찾아오는 버블을 어떻게든 이용해야 한다.

가만히 생각해보자. 평생 주가가 상승하는 상황은 거의 만날 수 없다. 나아가 어느 정도 주식 쪽으로 자금을 돌릴 수 있을 만큼의 금전적 여유가 있고, 투자를 자유롭게 할 수 있는 환경이 갖추어져 있으며 시세가 활황을 띠는 경우도 거의 없다. 따라서 버블을 만났을 때는 그것을 최대한 이용해 자산을 크게 늘려야 한다.

문제는 버블을 타고 마음껏 수익을 냈다 해도 버블은 언젠가 반드시 붕괴하기 때문에 그 전에 빠져나와야 한다는 점이다. 그렇지 않으면 크게 불어났던 자산이 오히려 마이너스로 돌아설 수 있다.

그렇다면 버블이 무너지기 전에 어디에서 빠져나와야 할까. 우선 분명히 해둘 것은, 버블의 정점에서 빠져나오는 것은 애초에 불가능한 꿈이라는 점이다. 아무리 타이밍을 잘 재도 그 정점을 정확히 맞출 수는 없다. 따라서 어느 정도 앞당기거나 약간 늦더라도 충분한 수익을 확보했다면 그 시점을 차선책으로 삼아 빠져나오는 것이 옳다.

우선 한 번 크게 폭락했을 때는 아직 빠져나올 기회가 있다. 시세가 상승하는 과정에서 주가가 크게 떨어지면, 그동안 매수하고 싶어도 못 했던 사람들이 몰려들기 때문에 반드시 한 차례 반등(요요 현상)이 나타난다.

아무리 비정상적으로 급락했더라도, 그동안 버블을 타고 오른 폭보다 하락 폭이 더 커지는 경우는 없다. 따라서 그 반등이 나올 때 빠져나오면 된다.

만약 그 지점이 버블의 끝이 아니라 다시 고점을 돌파하는 흐름으로 이어진다면, 그때는 고점을 갱신하는 타이밍에 다시 매수하면 된다. 매도했던 가격보다 매수 가격이 더 높아지겠지만 버블이 계속된다면 그럼에도 충분한 수익을 낼 수 있다.

버블 붕괴 신호 중 더 확실한 지표는 미국 금리다. 과거의 버블은 대체로 미국 금리와 함께 움직였다. 버블의 열기가 높아질수록 미국 금리도 올라가는 경향이 있었기 때문이다.

금리가 오르고 있을 때는 시장이 아직 견조하다는 뜻이지만 금리가 인하로 돌아서는 순간은 진짜 위험하다. 금리 인하는 경기 전망에 대한 불안이 커졌다는 신호다. 미국 금리가 인하되면 시장은 처음에는 그 소식을 긍정적으로 받아들여 주가가 일시적으로 상승한다.

그때가 빠져나올 타이밍이다

이럴 때 미디어에서는 애널리스트나 이코노미스트들이 "아직 PER가 5배로 낮으니 걱정할 필요가 없다"는 의견을 반복한다. 하지만 차분히 생각해보면 PER가 낮은 것은 너무도 당연한 일이다. 버블 붕괴로 주가가 떨어지는 시점은 대부분 경기가 절정에 달했을 때이기 때문이다.

경기가 정점에 있고 기업 실적도 매우 좋은데 버블이 터지면서 주가만 먼저 급락한다. 그러니 PER가 낮게 유지되는 것은 자연스러운 현상이다. 즉, 이런 국면에서 PER는 주가의 적정 가치를 판단하는 기준이 될 수 없다.

마음가짐 7.
보통만큼 무서운 건 없다!

인덱스 펀드로 장기 투자를 해야 한다고 주장하는 사람이 있다. 인덱스 펀드는 시장의 평균치를 노리는 투자법이다. 다르게 말하면 '보통'이다.

'보통'은 좋은 것일까?

예를 들어 회사 조직에서 '보통 사람'의 위치를 떠올려보자. 나는 '보통'만큼 무서운 것이 없다고 생각한다. 위도 아래도 아닌 가운데에 있는 사람이 지금의 회사 조직에서 어떤 대우를 받는지 생각하면 '보통'이라는 자리가 결코 편하지 않다는 생각이 든다.

물론 "직장을 다니면서 세밀하게 종목을 고를 시간이 없다"고 말하는 사람도 있을 것이다. 회사에서 이미 우수한 위치에 있거나, 뛰어난 인재가 되기 위해 회사 일에 집중하느라 투자는 '보통' 수준이면 충분하다고 생각하는 경우라면 이해할 수 있다.

또 특정 국가나 지역의 성장을 확신해 그 지역의 인덱스 펀드를 고르는 등 '보통'과는 다른 뚜렷한 전략이 있는 경우도 납득할 수 있다.

하지만 회사에서 평범한 위치에 머물러 있고 그 자리를 벗어나기 어렵다고 느끼는 상황에서도 어떻게든 자산을 늘리고 싶다면 다른 '보통' 투자자와 같은 방식으로 투자해서는 안 된다. 그렇게 하면 결과도 똑같이 '보통' 수준에 머무를 뿐이다.

평범한 삶이 행복하다고 느끼는 사람이라면 그 자체로 문제될 것이 없다. 그것 또한 분명한 행복의 형태니까. 하지만 이 책을 들고 있는 독자라면 아마 지금보다 더 나은 삶을 바라고 있을 것이다. 그렇다면 인덱스 펀드는 멀리하는 편이 좋다.

인덱스 펀드를 꾸준히 적립하면 최소한 인플레이션 위험 정도는 방어할 수 있다. 하지만 인플레이션을 막는 데에서 만족한다면 그것은 '보통 사람'의 사고방식이다. 큰 자산을 만드는 것이 아예 불가능한 것은 아니지만, '보통'의 직원이 중역이나 CEO가 될 확률만큼 낮은, 거의 0에 가까운 길이다.

자산을 늘리고 싶다면 결국 개별 종목 투자가 바람직하다. 그리고 1년에 두 번 정도 찾아오는 버블을 제대로 타야 한다.

마음가짐 8.
손절매를 칭찬해라!

손절매는 주식 투자의 기본이기 때문에 정확히 이해하고 반드시 실천해야 한다. 그런데 손절매라는 단어에 대한 이미지가 너무 나쁜 탓인지 '손절매'란 말을 듣기만 해도 거부감을 느끼는 사람들이 있다. 종목을 고르고 시점을 판단해 스스로 투자한 만큼, 손절매가 곧 '내 패배를 인정하는 일'처럼 느껴지는 듯하다. 패배를 쉽게 인정하지 못하는 사람일수록 손절매에 대한 알레르기는 더 심하다.

손절매를 할 수 있다면 그런 자신을 칭찬하라

나는 발상의 전환이 필요하다고 생각한다. 즉, 손절매를 부정적이 아닌 긍정적으로 생각하라는 것이다. 만약 손절매를 할 수 있다면 그런 자신을 칭찬하자. "뭐야, 손절매를 했잖아! 잘했어. 건배!" 자신의 예상과 판단이 잘못된 것이었다고 부정적으로 생각할 것이 아니라 손절매를 할 수 있었던 자신의 능력을 칭찬해주어야 한다.

투자 경력이 쌓이면 손절매는 지극히 당연한 행위가 된다. 손절매를 특별하게 생각하거나 거기에 알레르기를 느낄 이유는 전혀 없다고 생각하게 된다. 그런데 투자를 시작한 지 얼마 지나지 않은 시기에는 "내 예상이 빗나갔어. 정말 바보 같은 판단이었어" 라는 식으로 자신을 원망하기 쉽다.

잘 생각해보자. 아무리 신중하게 예상하고 적절한 시기를 선택해서 투자했다고 해도 큰손 투자가가 단번에 매도해버리면 전혀 예상하지 못했던 상황이 발생한다. 주식 투자를 하다 보면 그런 일은 몇 번이나 경험한다. 그러니 자신의 예상이 빗나갔다는 이유에서 부정적인 생각을 할 필요는 전혀 없다.

매매를 반복함으로써 경험치가 올라간다

그중에는 손절매를 하지 못해 손실을 끌어안고, 있는 주식을 그대로 움켜쥐고 가는 투자가도 있다. 이것은 정말 의미 없는 행위다. 의미 없는 행위인 데는 두 가지 이유가 있다.

첫째, 자금의 효율성이 떨어진다. 손실 주식을 움켜쥐고 있는 이상 그 돈은 다른 기회가 있다고 해도 사용할 수 없다. 따라서 이익을 내지 못하는 상황이 계속 이어진다.

둘째, 이게 더 큰 문제라고 생각하는데 경험을 쌓지 못한다는 것이다. 경험치는 매매를 반복함으로써 올라가는 것인데 손실 주식만 계속 움켜쥐고 있으면 매매를 더는 하지 못하기 때문에 당연히 경험치가 올라갈 수 없다. 즉, 아무리 시간이 흘러도 여전히 초보자로 남아 있게 된다.

마음가짐 9.
기회는 몇 번이고 찾아온다!

수익이 날 것 같은 종목을 발견했다고 치자. 잠시 주가를 점검해보니 날이 갈수록 주가는 급상승해 매수 타이밍을 놓쳐버렸다. 이때 "아직은 괜찮아. 이 종목을 놓치면 안 돼. 마지막으로 큰 수익을 올릴 수 있는 기회야"라는 생각이 뇌리를 스친다면 일단 냉정해져야 할 필요가 있다.

시장이 상승 경향에 있을 때는 주식으로 돈을 번 사람의 이야기만 들리기 때문에 냉정함을 잃기 쉬워 평소라면 매수하지 않을 타이밍에 매수하기도 한다. 그럴 때일수록 상투에서 들어가게 되는 경우가 많다.

더 위험한 것은, 베스트 타이밍에 매수했다고 생각한 종목이 하락해서 어쩔 수 없이 손절매를 했는데 반전하여 상승한 경우다. 두 번이나 자신의 예상이 빗나가면서 "두 배의 자금을 투자해 이 손실을 회복해야겠다"라는 식으로 무리하기 쉽다. 그렇게 해서 손실 금액을 회복하면 좋지만, 만약 또 손실을 보게 된다면 '4배의 손실'을 보는 결과가 나와 상처는 더욱 커질 수밖에 없다. 인간인 이상, 당했으니까 갚겠다고 생각하는 투쟁본능을 완전히 없앨 수는 없다. 이럴 때는 얼마나 냉정을 되찾느냐가 관건이다.

내 친구 중에는 "손실이 일정 금액을 넘으면 그달에는 거래하지 않는다"거나 "강제로 컴퓨터 전원을 꺼버린다"는 식으로 대처하는 사람이 있다. 내 경우는 손실을 본 종목에 대해서는 다시 매수하더라도 최소 단위의 주식만 매수한다. 그렇게 하면 기분도 안정되고 설사 주가가 하락한다고 해도 타격이 적다.

투자에서 '이것이 마지막 기회'라는 건 없다. 주식시장은 항상 열려 있다. 이번에 놓친다고 해도 같은 기회는 또 찾아온다. 기회는 얼마든지 있다.

☐ 기관투자가들이 주류를 이루는 주식은 사지 않는다.

☐ 주식시장에서는 소수파에 속하는 것이 유리하다.

☐ 프로들이 말하는 시세 예측은 믿지 않는다.

☐ 애널리스트가 추천하는 주식은 매수하지 않는다.

☐ 시세에 '절대'란 있을 수 없다.

☐ 버블은 자산을 크게 늘릴 수 있는 기회다.

☐ 인덱스 펀드에는 손을 대지 않는다.

☐ 당했다고 맞받아치지 않는다.

6장

전업 투자가로 가는 길: 천 리 길도 한 걸음부터

자금이나 시기에 신경 쓰지 말고 일단 시작한다

현재 얼마를 가지고 있건 일단 주식 투자를 시작해본다. 처음부터 성공을 노릴 필요는 없다. 한번 뜨거운 맛을 본 뒤에 출발하는 것이 더 낫다. 처음부터 계속 승리를 거두게 되면 자만하고 들뜨기 쉽다. 그래서 자신의 투자법에 의문을 품지 않고 더욱 대담한 투자를 반복하게 된다. 처음에는 신기하게도 잘 맞아떨어지고 대담한 수법도 효과를 발휘해 큰 이익을 얻을 수도 있다.

하지만 거기에 함정이 있다. 너무 대담하게 레버리지를 이용해 마구잡이로 투자하다가 큰 실패를 맛보게 되는 것이다. 그 결과, 큰 충격을 받는다. 한 번에 거액의 손실을 끌어안게 되면서 일단 주식시장에서 물러나야 하는 상황에 놓인다. 그것도 공부는 되지만 돈을 모아 다시 시장에 복귀하기까지 잃어버려야 하는 시간이 너무 아깝다. 그렇다. 나도 그런 사람 중의 한 명이었다. 그런 사람이 되지 않기 위해서는 적게 시작해 한두 번 패배를 맛본 뒤 제대로 시작하는 게 바람직하다.

우선 경험부터 쌓아야 한다

그래서 나는 언제부터 시작하면 좋겠느냐는 질문을 받으면 이렇게 대답한다.

"언제라도 상관없다."

질문하는 당사자는 주가가 상승하는 최고의 타이밍을 가르쳐 줄 것이라고 생각할 수 있다. 하지만 시세가 좋건 나쁘건 어느 정도 경험을 쌓지 않으면 착실한 수익을 올리기는 어렵다. 처음에는 뜻대로 되지 않는 걸 경험하고 몇 번이나 시세의 혹독함을 느끼면서 앞으로 나아가는 것이 좋다. 그런 마음가짐으로 투자를 시작한다면 언제든지 상관없다.

돈을 벌 수 있는가, 하는 문제 이전에 일단 경험을 쌓아야 한다.

그러니까 돈은 없어도 상관없으니 일단 증권사에 계좌를 개설하라. 그리고 도쿄증권거래소 2부의 우대 종목부터 투자를 시작하라. 비교적 주가가 안정되어 있는 종목을 매수해 1년 동안 그 주식을 보유하고, 매일 주가의 움직임을 지켜보는 것만으로도 어떤 것이 주가에 영향을 끼치고 어떤 것이 주가에 영향을 끼치지 않는지, 그리고 주주 우대, 공모증자, 시간외거래 같은 것들이 무슨 의미인지 등 시장에 관한 다양한 내용을 이해하게 된다.

도쿄증권거래소 2부의 우량 종목부터 시작한다

한 종목으로 두 번, 세 번 멋진 경험을 하라

"왜 도쿄증권거래소 2부 종목부터 시작하라는 것이지?"라고 의문을 품는 분도 있을 것이다. 그 이유는 효율적으로 경험을 쌓을 수 있기 때문이다. 매수해야 하는 종목에 관해서 좀 더 자세하게 말한다면, 일단 실적이 안정되어 있는 우량 종목이어야 한다. 보유하고 있는 동안에 도산하면 곤란하기 때문에 이것은 최소한으로 지켜야 할 조건이다.

그리고 주가가 안정되어 있는 것을 골라야 한다. 화장품 회사나 주점 체인 같은 내수 기업은 주가가 비교적 안정되어 있다. 주가가 안정되어 있으면 시세 자체의 움직임에 크게 신경 쓸 필요 없이 보유한 주식의 주가 동향에만 집중할 수 있다.

그리고 주주 우대를 하는 종목을 골라라. 이유는 주주 우대를 받음으로써 우대주식을 매수하는 사람의 마음을 이해할 수 있고, 주주 우대 종목의 독특한 가격 변동을 체감할 수 있으며, 이벤트 투자가 어떤 것인지 깊이 이해할 수 있기 때문이다.

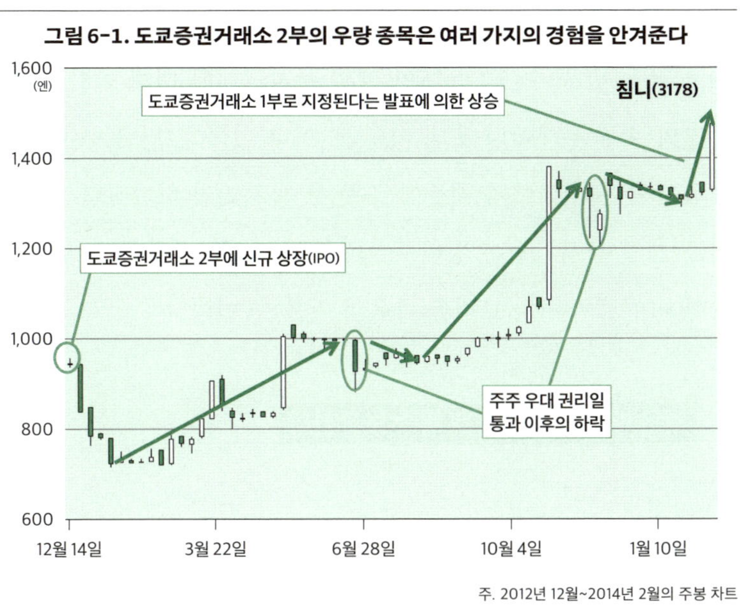

그렇다면 왜 도쿄증권거래소 2부 종목부터 시작해야 할까? 그 이유는 주주 우대 이외의 큰 이벤트, '도쿄증권거래소 2부에서 도쿄증권거래소 1부로의 지정'을 경험할 가능성이 높기 때문이다. 한 종목으로 두 번, 세 번 멋진 경험을 쌓을 수 있기 때문에 도쿄

증권거래소 2부 종목을 추천한다.

침니(3178)를 예로 들어보자. 주가는 1,500엔 전후이고 단위주의 수는 100주이니까 최소 15만엔 정도로 투자할 수 있다. 물론 100주로도 주주 우대는 받을 수 있지만 500주가 되면 우대 내용이 업그레이드되니 여기에서는 500주를 취득했다고 하자.

500주에 대해 반기에 한 번 1만 5천 엔 상당의 식사권 또는 우대 상품을 받을 수 있다. 75만 엔의 투자금액에 대해 연간 3만엔 상당의 주주 우대이니 우대 이율만 4%나 된다. 그만큼 주주 우대 매력이 높은 기업이기 때문에 주주 우대 시기가 다가오면 당연히 많은 개인 투자가들이 침니를 매수하러 온다. 그때, 주주 우대를 노린 이벤트 투자의 묘미를 마음껏 맛볼 수 있다.

처음 매수하는 종목은 계속 보유한다

첫 투자의 목적은 경험치를 올리는 것이니 주주 우대를 노린 개인 투자가들이 몰리면서 주식 가격이 상승하더라도 수익을 확정하는 매도는 하지 않고 계속 보유해야 한다. 그 이유는 앞서 말한 또 하나의 큰 이벤트, 도쿄증권거래소 2부에서 도쿄증권거래소 1부로의 지정 때문이다. 침니는 2014년 3월 4일 도쿄증권거래소 1부에 지정되면서 상장 이후 신고가를 갱신했다.

물론 도쿄증권거래소 2부 종목이 계속 도쿄증권거래소 2부에 머물러 있을 수도 있다. 그것은 회사의 경영 방침이니 어쩔 수 없지만 도쿄증권거래소 2부에 소속되어 있는 한 도쿄증권거래소 1부로 지정될 가능성은 항상 내포하고 있다. 만약 도쿄증권거래소 1부에 지정된다면 크게 수익을 늘릴 기회다. 그런 의미에서 볼 때, 처음 투자할 종목은 다음의 기준으로 선택하는 것이 좋다.

- 도쿄증권거래소 2부의 우량 종목
- 도산 위험이 적은 종목
- 주가가 안정되어 있는 종목
- 주주 우대를 내걸고 있는 종목
- 단위주를 100만 원 전후로 매수할 수 있는 종목

주가가 안정되어 있고, 가격 변동에 일희일비할 필요가 없으며 100만 원 전후로 투자할 수 있는 종목이면 최고다. 이런 종목들에 투자하면 이벤트 투자 경험치도 오르고 재미도 느낄 수 있다.

매일 자산을 점검한다

패배하고 있는 현실을 외면하면 안 된다

다이어트를 할 때 항상 자신의 체중을 기록하는 레코딩 다이어트가 효과적이라고 한다. 투자도 마찬가지로 자신의 자산 상황을 매일 점검해야 '무엇인가'를 느낄 수 있다. 투자로 손실이 증가하면 자신의 자산운용 현황을 알고 싶어 하지 않거나 외면하는 사람들이 있다.

그 마음은 충분히 이해한다. 나도 일찍이 주식 투자에서 큰 손해를 보았을 때 거래하고 있는 증권회사의 사이트에 들어가는 것조차 내키지 않았다. 하지만 그래서는 안 된다. 자신의 자산 상황을 파악하고 있지 않으면 어떻게 될까? 개인 투자가는 고독하다. 설사 운용에 실패했다고 해도 그 문제를 꾸짖어주는 사람은 어디에도 없다. 모든 것을 혼자 대응해야 한다.

손실은 신이 보내는 메시지다. 계속 손실을 보는 이유는 시세를 담당하는 신이 "그건 아냐. 방법을 바꾸어야 해"라는 계시를 주고 있기 때문이다. 그런데 외면해버리면 그 계시조차 받지 못하게 된다.

따라서 정말 큰 손실을 보아 현실을 직시하지 못할 정도로 괴로운 상황이라고 해도 매일 확실하게 현재의 자산 상황을 파악해야 한다. 어렵게 생각하지 말고 그냥 매일 기록하는 것만으로 충분하다. 그런 습관에서부터 시작하면 된다.

보유하고 있는 종목의 상황을 엑셀로 관리한다

나는 매일 내가 보유한 종목의 현재 상황을 엑셀로 관리한다. 나중에 과거의 자산 상황을 되돌아보면 그때 왜 실패했는지, 또는 왜 성공했는지 쉽게 이해할 수 있다.

더구나 이 행위를 5년, 6년 반복하다 보면 주가의 가격 동향이 자연스럽게 머릿속에 들어온다. 나는 엑셀 시트에 날짜를 넣고 거기에 보유종목의 평가액을 복사해서 붙인다.

또 최근에는 어떤 종목이 올랐는지, 어떤 종목에서 손해를 봤는지까지 간단하게 메모한다. 특히 주주 우대인 이벤트 투자는 매년 비슷한 상황이 반복되기 때문에, 그때그때의 성공 사례, 실패

그림 6-2. 보유종목의 자산 상황 점검표 예

20××년 3월

일자	자산(엔)	전일 대비	당일 움직인 종목	예정된 이벤트
1일	301,500	4,000	플러스: ○○주	산업펀드 REIT 매수일
2일	304,000	2,500	플러스: ○○주	3
3일	298,000	▲6,000	마이너스: ××주	2
4일	307,000	9,000	플러스: ○○주, □□주, △△주	○○주 도쿄증권 1부 지정 예정
5일	312,000	5,000	플러스: ○○주	시장에서 발생하는 이벤트를 기입. 달력 대신 이용
6일				
…		전일 대비 자산의 증가와 감소를 기입	당일 시세 종료 이후에 기입. 자산의 오르내림이 발생한 종목에 관해서 기입. 내년에도 비슷한 주가 추이를 보일 가능성이 높기 때문에 실패와 성공 양쪽을 모두 기입	
28일	총자산을 매일 기입			△△주 주총 외부 판매
29일				0
30일				주주 우대권리 부여 최종일
31일				

월말 자산

사례를 알아두어 다음 해에 어떻게 해야 실패하지 않는지 전략을 짜는 데 유용하게 참고한다.

오리지널 투자 아이디어를 찾는다

주주 우대 종목에 대한 투자만이 이벤트 투자가 아니다. 시장의 맹점이 어디에 있는지를 생각해보면 다양한 투자 아이디어가 떠오른다. 그중에는 사용할 수 있는 아이디어도 있고 그렇지 않은 아이디어도 있다. 투자로 수익을 거두려면 당연히 사용할 수 있는 아이디어를 선택해야 한다. 그것을 판단하는 세 가지 조건에 대해 설명해둔다.

조건 1. 설레는 아이디어인가

이것은 '본인이 어떻게든 조사해보고 싶은 투자 아이디어인가?' 하는 의미다. 본인의 경험을 바탕으로 생각한다면 이것이야말로 가장 중요하다. 직관은 의외로 올바른 경우가 많고, 자신의 예상대로 흘러가지 않았다고 해도 무엇인가 새로운 발견은 있다.

또 본인이 어떻게든 조사하고 싶다는 느낌이 드는 종목이라면 아무리 귀찮은 데이터 수집이나 데이터 정리라 해도 그것을 극복하려고 노력한다. 반대로, 별로 내키지 않는 아이디어라면 귀찮은 작업을 극복하지 못하고 도중에 좌절할 가능성이 높다.

조건 2. 굳이 비상식적인 것을 조사해본다

일반적인 투자 상식을 먼저 떠올려보자. 그리고 그 상식과 반대되는 투자 방식을 일부러 생각해보자. 만약 일반적인 투자 상식이 그대로 이익으로 연결된다면, 대부분의 투자자가 수익을 거두고 있을 것이다. 하지만 현실은 그렇지 않다. 극소수만이 꾸준한 수익을 올린다. 즉, 일반적인 투자 상식과는 '반대편'에 진짜 수익의 원천이 존재한다는 뜻이다.

예를 들어 분식회계 등으로 '감리종목'이 된 기업은 위험해서 매수하면 안 된다는 것이 일반 상식이다. 그러나 도쿄증권거래소 1부 상장기업이라면 감리종목이 되었다고 해서 곧바로 도산하는 것이 아니다. 그리고 실제로 도산으로 이어지지 않는 기업도 많다. 이런 기업의 주식을 주가가 크게 떨어진 시점에서 매수해 두면, 이후 반등 국면에서 큰 수익을 얻을 확률이 더 높아진다.

물론 신흥기업은 다르다. 신흥기업은 감리종목이 된 뒤 곧바로 도산으로 이어지는 경우가 대부분이기 때문에, 이 경우는 일반 상식대로 움직인다고 볼 수 있다. 따라서 '감리종목은 매수하면 안 된다'는 상식을 신흥기업과 도쿄증권거래소 1부 상장기업에 동일하게 적용해서는 안 된다.

신흥기업은 감리종목 지정이 곧 도산으로 이어질 가능성이 있지만, 1부 상장기업은 상황이 완전히 다르다. 오히려 그 차이 속에 수익의 원천이 존재한다. 반대로, 감리종목에서 벗어났을 때는 어떻게 될까. 일반적인 상식으로 보면 호재로 받아들여져 주가가 오를 것이라 생각하기 쉽다. 하지만 실제로는 감리 지정이 해제된 뒤 잠시 천장을 찍고, 다시 원래 수준으로 되돌아가는 경우가 많다.

조건 3. 다른 사람이 실행할 때 시간이 걸리는 아이디어를 선택한다

실행할 때 어느 정도 귀찮아야 한다는 것도 중요한 포인트다. 누구나 쉽게 흉내 낼 수 있는 아이디어라면 경제지 등에 소개되자마자 우위성이 사라져버리기 때문이다. 한편, 실행할 때 어느 정도 번거로움이 있으면 뜻밖에도 다른 사람들은 거의 도전하지 않는다. 예를 들어, IPO 투자 등이 좋은 예다.

IPO 투자는 주식이 신규 상장될 때 상승 이익을 노리는 것이다. 증권사에서 매수할 수 있는 공모가격에 비해 실제로 시장에 상장되어 매매되는 주가가 더 높아지는 경향이 있기 때문에 개인 투자가들에게 인기가 있다.

그러나 공모주 수는 매우 적기 때문에 실제로 공모가격으로 매수할 수 있는 투자가는 극히 일부다. 이 때문에 공모가격으로 받기 위해서는 추첨 배정을 노리고 각 증권사에 여러 차례 신청하거나 증권사 담당자와 친해져 배정을 받아야 한다.

증권사 영업 담당자와 친해지려면 보유 자산이 상당해야 하고 자주 거래하는 고객이어야 한다. 아마도 대부분의 개인 투자가에게는 높은 장벽이다.

그렇다면 남은 방법은 하나다. 부지런히 뛰어다니며 증권사들의 추첨에 신청하는 것이다.

덧붙여, 내 경우에는 주요 인터넷 증권사와 대형 증권사에 모두 신청한다. 당첨될 확률은 매우 낮지만 계속 도전한 끝에 한 번이라도 손에 넣을 수 있다면 그것만으로 큰 수익을 낼 수 있다.

이 방법이 돈이 된다는 사실을 많은 개인 투자가들이 알고 있을 것이다. 단, 귀찮은 것은 사실이다. 그래서 IPO에 도전하는 투자가가 늘지 않고 있다.

이벤트 투자 아이디어는 이처럼 다른 사람이 귀찮아하고 따라하기 어려운 것을 발견하고 실행하는 것으로, 이로써 큰 수익을 올릴 수 있다.

아이디어 소재는 주변에 얼마든지 있다

이벤트 투자 아이디어를 찾으려면 평소에 어디에 주의해야 할까? 또 아이디어의 재료나 힌트는 어디에 있는 것일까? 사실 아이디어의 소재는 우리 주위에 널려 있다.

소재 1. 자신이 실패한 거래 경험

이것은 매우 중요하다. 거래를 하다 보면 누구나 한두 번 큰 실수를 한다. 손실 거래를 많이 경험할수록 다양한 깨달음을 얻게 되고 거기에서 투자 아이디어가 샘솟는다. 손실은 결코 나쁜 것만이 아니다. 투자할 때는 누구나 나름대로 이미지를 그린다. 이 종목에 투자한 후 주가는 어떻게 움직일까 하는 것 등이다. 하지만 때로 그 이미지와 다른 가격 변동이 발생할 때도 있다. 오를 줄 알고 매수한 주식의 주가가 떨어졌다는 것이야말로 이미지와는 동떨어진 결과로 끝난 좋은 예라고 할 수 있다.

이렇게 자기 뜻대로 주가가 움직이지 않았을 경우에는 원인이 무엇인지, 어느 부분에서 예상과 다른 결과가 나오게 되었는지 잘 기억해두자. 어느 날 문득 그와 관련하여 투자 아이디어가 떠오르기도 한다.

소재 2. 경제 관련 잡지

경제 관련 잡지도 힌트와 재료의 보물창고다. 특히 참고가 되는 것이 투자 기법 특집이나 수익을 올리고 있는 사람의 인터뷰 기사다. 지금까지 눈치채지 못했던 관점에서의 투자나 일반상식과 다른 투자에 관해 소개하는 경우가 많기 때문에 읽을거리도 다양하고 도움도 된다.

소재 3. 주식 전문 신문인 경제신문

경제신문은 경제지 기사와 달리, 주가나 실적 발표 등의 사실과 그 해설 기사가 중심을 이룬다. 그 때문에 투자 아이디어로는 참고가 되기 어려운 것처럼 보이지만 가끔 특집 기사 등에 일반적으로 잘 알려지지 않은 정보가 게재되는 경우도 있기 때문에 주목할 만하다.

감리종목을 매수한다는 나의 투자 아이디어도 사실은 과거에 "감리종목에서 복귀한 종목의 주가는 상승한다"라는 기사를 보았기 때문에 떠올릴 수 있었다. 실제로 조사해보면 정말로 감리종목에서 복귀하자마자 주가는 급등했고, 그 후 바로 원래의 주가 수준으로 돌아간다는 사실을 알았다. 나는 신문 기사를 전체 가격 동향을 확인하는 용도로 사용하고 있지만, 한편으로는 이런 투자 아이디어 소재도 함께 점검하고 있다.

소재 4. 서적

내가 이벤트 투자의 근원이 되는 빨판상어 투자에 관해 알게 된 것도 서적 덕분이었다. 서적에 소개되어 있는 투자 수법도 참고가 되지만 그 이상으로 주목하고 싶은 것이 거기에 도달하기까지의 관점이다.

단, 기재되어 있는 투자 방법을 그대로 흉내 내려 해도 투자 타이밍이 애매해 실천하지 못하거나 유효기간이 만료되어 사용하지 못할 수 있으니 주의해야 한다.

소형 증권회사에서는 고객 서비스로서 다양한 보고서를 제공한다. 그 보고서 대부분은 그야말로 '현재 시기'의 정보를 해석하고 있기 때문에 그 내용이나 관점이 큰 참고가 된다. 단, 이런 보고서는 증권회사의 주요 고객을 대상으로 만든 것으로, 계좌를 개설한 것만으로는 쉽게 입수할 수 없다. 화제가 된 보고서는 주식 전문 신문 등에서 개요를 소개하고 있으니 그것을 참고하는 것도 방법이다.

소재 6. 격언

앞에서 소개한 '입춘 전후에 천장 찍고 춘분 전후에 바닥 찍는다', '떨어지는 칼은 잡지 않는다' 등의 다양한 격언들을 아무런 저항 없이 받아들이는 투자가도 많을 것이다.

실제로 이런 격언들이 진짜인지 조사해보면 실제로는 완전히 반대인 경우도 많다. 사람들이 격언을 일반상식으로 인식하고 있다면 그 반대쪽에 이익의 원천이 존재하는 경우가 많다.

소재 7. 친구나 지인과의 대화

성공담이나 실패담, 현재 주가의 향방 등 주식 투자를 하는 사람과의 대화는 시간의 흐름을 잊어버릴 정도로 끝이 없다. 각자가 자신만의 투자 기법을 가지고 있고 가격 움직임에 대한 나름대로의 의견이 있기 때문에 거기서 얻을 수 있는 아이디어의 재료도 많다. 한번은 "《회사사계보》의 영향은 상당히 커. 그리고 그 직전에 발매되는《사계보별책》의 영향도 꽤 크지"라는 말을 들은 적이 있다.

흥미를 느끼고 바로 조사해보니 그 말이 맞았다.《사계보별책》에서 발표된 종목의 주가가 크게 상승하고,《사계보별책》의 발매로 더욱 상승하는 경우도 있었다.

소재 8. 세미나

세미나 중에는 고액의 참가비를 받는 것도 있지만, 그만한 가치가 있다.

소재 9. 주식게시판

단순히 가격 변동에 대한 설명이나 그때그때의 감상이 게재되

어 있는 게시판이 아니라, 왜 그런 움직임을 보이게 되었는지, 앞
으로 어떻게 움직일 것으로 예상하는지 등에 대해 논리적으로 설
명하는 게시판은 아이디어의 재료가 된다.

내가 운영하는 사이트 '단토쓰 투자연구소'에는 그런 분들이
다수 참가하고 있으며 나 자신도 투자 아이디어의 재료로 자주 이
용하고 있다.

> **《회사사계보》와《사계보별책》이란?**
>
> 사계보는 일본에서 특정 분야의 최신 정보를 계절별로 정리해 연 4회 발간하는
> 출판물을 뜻한다. 주식 분야에서는 동양경제신문사가 발간하는《회사사계보》가
> 대표적이며, 일본 상장기업은 물론 REIT·ETF 등 상장 투자상품 정보까지 폭넓게
> 담고 있다.
> 《사계보별책》은《회사사계보》의 별도 간행물로, 특정 주제나 관점에 맞춰 내용
> 을 보완·확장한 부록 성격의 출판물이다.

어느 정도의 자산이 있어야 회사를 그만둘 수 있을까?

2년 정도의 생활비를 모은다

나부터 다니던 회사를 그만두고 전업 투자가가 되어서 그런지 많은 분들이 "어떻게 회사를 그만둘 결심을 했습니까?", "자산이 얼마나 있으면 회사를 그만둘 수 있습니까?"라는 질문을 한다.

만약 현재 하고 있는 일이 즐겁다고 생각된다면 회사를 그만둘 필요는 어디에도 없다. 다만, 어떻게든 회사를 그만두고 전업 투자가로 독립하고 싶다면 주식 투자를 포함하여 어떤 형태로든 최소한의 생활비를 벌 수 있을 만큼의 대책은 마련해두어야 한다.

살다 보면 언제 무슨 일이 발생할지 알 수 없기 때문이다. 2년 정도 버틸 여유 자금이 있다면 그때까지 시장이 되살아날 가능성이 있고, 만약의 경우에는 주식 이외의 다른 수입 수단을 구축할 수도 있다.

한편, 자금이 얼마나 있어야 마음 놓고 회사를 그만둘 수 있을까. 이것은 사람마다 크게 다르다. 5억 원도, 10억 원도 모자란다는 사람이 있는 반면에 2천만 원 정도의 자금을 바탕으로 회사를 그만두고 십억 단위까지 자산을 불렸다는 사람도 있을 정도다. 그래서 일률적으로 얼마가 있으면 안심이다, 라고 말할 수는 없다.

단, 나처럼 결혼한 입장에서 아내를 이해시키려면 2년 정도는 생활할 수 있는 비상 자금과 별도로 매년 생활비를 충당할 수 있을 만큼의 투자금이 있어야 한다. 그래야 전업 투자가로 허락을 받을 수 있을 것이다.

일단 마음대로 주식 매매를 해보고 정 안 되면 다시 회사원으로 돌아가는 방법도 있을 수 있겠지만 그렇게 하려면 나이가 걸림돌이 될 수 있다. 젊은 사람이라면 문제없겠지만 어느 정도 나이가 들면 회사원으로 돌아가기 어렵기 때문에 직장인으로서의 안정된 지위는 더는 바라기 어렵다는 점을 각오해야 한다.

실제로 회사를 그만두면 각오고 뭐고 다 필요 없다. 매일 다양한 아이디어를 동원해 돈을 벌어야 한다. 안 되면 다른 방법을 생각해 실행해봐야 한다. 할 수 있는 방법은 얼마든지 있다. 회사로 돌아간다는 생각을 완전히 잊어버릴 정도다. 그리고 전업 투자가가 되기 전에 시장 환경에서 혹독한 국면을 경험할 수 있다면 최고다.

아마 지난 1~2년 동안에 주식시장에 참가한 사람은 잘 알겠지만 리먼 쇼크나 버블 붕괴 등을 경험하면서도 계속 살아남은 투자가는 앞으로도 계속 전업 투자가로 살아갈 수 있을 것이다. 그런 의미에서 샐러리맨 생활을 하고 있을 때 이러한 경험을 미리 쌓을 수 있다면 바람직한 경험이 된다.

주식 투자에서 실패했다고 해도 급여가 있으면 생활을 유지할 수 있다. 10년 정도면 그사이에 두 차례 정도는 버블의 생성과 붕괴를 경험할 수 있을 테니 그런 경험을 한 뒤에도 투자가로서 살고 싶다는 느낌이 든다면 독립하면 된다.

주식 투자 경험을 쌓으면서 수익을 내기 전에 손실부터 발생할 수도 있다. 나도 IT 버블이 붕괴했을 때는 1천만 원, 2천만 원이라는 손실을 냈다. 일반적인 샐러리맨에게 1천만 원, 2천만 원은 상당히 타격이 있는 손실 금액이다. 하지만 꾸준히 주식 투자를 해서 홀로서기만 할 수 있다면 주식시장은 하루에 1천만 원도 쉽게 벌 수 있는 그런 세계다. 샐러리맨 시절의 1천만 원의 손해는 전업 투자가가 되면 하루 만에 되찾을 수 있는 금액이다. 그러니까 샐러리맨 시절에 입은 손실을 도쿄증권거래소에 일시적으로 예치해둔 금액이라고 생각하는 것이 좋다. 단, 그 예치금을 인출하려면 나름대로 열심히 투자 공부를 해서 돈을 벌 수 있는 투자가가 되어야 한다.

전업 투자가가 되면 짊어지게 되는 짐들

샐러리맨의 눈에는 전업 투자가가 굉장히 매력적인 직업으로 비치는 것 같다. 확실히 매일 만원 전철에 시달릴 필요가 없다는 건 장점이다. 상사에게 야단맞을 일도 없고, 영업실적을 달성해야 한다는 압박감에 짓눌릴 필요도 없다. 마시고 싶지 않은 술을 마실 필요도 없고 자신의 시간을 마음대로 사용할 수 있다. 그러니까 당연히 편해 보일 것이다.

하지만 샐러리맨이 매일의 노동을 대가로 돈을 번다면 전업 투자가들은 매일의 위험을 대가로 돈을 번다. 이 차이를 확실히 인식할 필요가 있다.

매일의 시간을 활용할 수 있다는 점에서는 전업 투자가 쪽이 샐러리맨에 비해 훨씬 자유롭다. 하지만 편하게 사는 것은 절대 아니다. 언제, 무슨 일이 일어날지 알 수 없는 위험을 항상 짊어지고 생활하기 때문이다. 그 위험성을 짊어지고 있기 때문에 전업 투자가는 생활비를 벌 수 있다.

전업 투자가로 살다 보면 1년에 몇 번, 또는 몇 년에 한 번, 사활이 걸린 위험과 직면하게 된다. 그것은 투자가의 시련이며 절대로 피할 수 없는 현상이다. 2008년에 발생한 리먼 쇼크 등이 바로 그런 전형적인 예로, 그 쇼크를 계기로 사라진 개인 투자가가 많이 있다.

전업 투자가가 되면 이런 거대한 위험에 직면해도 극복할 수 있어야 한다. 그런 위험에 대응할 수 있는가, 하는 것이 전업 투자가로서 살아갈 수 있는지를 구분한다. 나 자신도 명심하고 있다.

수익의 원천은 위험성에 있다.
위험을 감수하지 않으면 수익을 얻을 수 없다.
그 위험을 최소한으로 억제하면서 수익을 올리는 것이 이벤트 투자의 본질이다.

☐ 버는 것보다 경험을 쌓는 것이 중요하다.

☐ 도쿄증권거래소 2부의 우량 종목은 여러 경험을 안겨준다.

☐ 손실은 신이 보내는 메시지다.

☐ 설레는 아이디어를 발견한다.

☐ 굳이 비상식적인 아이디어를 실행해본다.

☐ 다른 사람이 실행할 때 시간이 걸리는 아이디어를 선택한다.

☐ 아이디어의 소재는 주변에 널려 있다.

☐ 전업 투자가가 되기 전에 2년 정도의 생활비를 모은다.

☐ 수익의 원천은 리스크에 있다.

마치며
따뜻한 남쪽 섬에서 만납시다!

내가 강연이나 세미나에서 항상 하는 말이 있다.

"남쪽 섬 바비큐 파티에서 만납시다!"

이벤트 투자를 통해 자유롭게 활동할 수 있을 정도의 돈을 벌 수 있다면, 그 성공을 축하하며 따뜻한 남쪽 섬에서 바비큐를 하자는 말이다.

2013년에 오키나와에서 첫 번째 바비큐 파티를 개최했다. 처음에는 더 이후에 개최할 생각이었지만 아베노믹스에 의한 시세 상승 때문에 큰돈을 번 사람이 속출했기 때문에 큰맘 먹고 실행한 것이다. 그 결과 오키나와의 현지인이 2명, 본토에서 10명 정도가 모여 서로의 성공을 축하할 수 있었다. 앞으로도 몇 번이고 성공을 축하하는 바비큐 파티를 개최하고 싶다.

주식 투자에는 리스크가 있다. 이벤트 투자도 마찬가지다. 어떻게 해야 그 리스크를 최대한 줄이고 큰 수익을 올릴 수 있을까. 더구나 상승장이건 하락장이건 계속 수익을 올릴 수 있을까. 그게 가능한 것이 이벤트 투자다. 이벤트 투자는 단번에 자산을 늘리는 방법이 아니다. 연이율로 따지면 30~40%를 목표로 삼는 기법이다.

또, 데이트레이드처럼 항상 컴퓨터 앞에 붙어 앉아 있을 필요도 없다. 펀더멘털 투자나 테크니컬 투자처럼 어려운 지식이 필요하지도 않다. 필요한 것은 높은 주가라도 매수해주는 장소와 사람을 예측해 그 주식을 저렴할 때 매수하는 것이다. 이것은 다루는 것이 다를 뿐, 샐러리맨들이 매일 실행하고 있는 것과 마찬가지다. 그 때문에 이벤트 투자는 샐러리맨 투자가에게 적합하다. 이벤트 투자는 내가 샐러리맨이었던 시절에 만들어낸 것이기 때문에 틀림없다.

이 책을 읽고 이벤트 투자에 흥미를 느꼈다면 일단 10만 엔 정도의 주주 우대 종목에 투자하는 것부터 시작하기 바란다. 그리고 이벤트 투자로 충분히 수익을 올렸다면 그 성공을 축하하는 의미에서 언젠가 남쪽 섬에서 함께 바비큐를 할 수 있기를 바란다. 나는 독자 여러분과의 만남을 기대하고 있다.

그리고 끝까지 이 책을 읽어주신 독자 여러분께 정말 감사의 말씀을 드린다.

마지막으로 전업 투자가가 되겠다는 의견을 흔쾌히 받아들여
주고 그 후에도 곁에서 계속 지지해주고 있는 아내에게 감사를 드
린다. 고마워!

2014년 3월

유나기

스타벅스 주식은 1월에 사라

초판 1쇄 인쇄 2025년 12월 16일
초판 1쇄 발행 2025년 12월 24일

지은이 유나기
옮긴이 이정환
발행인 선우지운
편집 허유진
디자인 디스커버
제작 예인미술
출판사 여의도책방
출판등록 2024년 2월 1일(제2024-000018호)
이메일 yidcb.1@gmail.com

ISBN 979-11-995683-0-3 (03320)

* 저자와 출판사의 허락 없이 내용의 일부를 인용하거나 발췌하는 것을 금합니다.

* 잘못되거나 파손된 책은 구입한 서점에서 바꾸어 드립니다.

* 책값은 뒤표지에 있습니다.